SE LIGA NA SOCIOLOGIA

Editora sênior Scarlett O'Hara
Designer sênior Sheila Collins
Editora Ann Baggaley
Designers Mik Gates, Kit Lane
Ilustração Sheila Collins, Mik Gates, Kit Lane, Gus Scott

Gerente editorial Francesca Baines
Gerente editorial de arte Phil Letsu
Publisher Andrew Macintyre
Diretor de publicações Jonathan Metcalf
Diretora de publicações associada Liz Wheeler
Diretora de arte Karen Self
Pré-produção Jacqueline Street
Produtor sênior Gary Batchelor
Designer sênior de capa Mark Cavanagh
Designer de capa Suhita Dharamjit
Gerente de desenvolvimento de capa Sophia MTT
Artefinalista digital sênior Harish Aggarwal
Coordenadora editorial de capa Priyanka Sharma
Editora de capa Claire Gell

GLOBOLIVROS

Editor responsável Lucas de Sena Lima
Assistente editorial Lara Berruezo
Tradução Bruno Alexander
Preparação de texto Erika Nakahata
Revisão Tomoe Moroizumi e Bruno Fiuza
Editoração eletrônica Equatorium Design

Editora Globo S.A.
Rua Marquês de Pombal, 25 — 20230-240
Rio de Janeiro — RJ — Brasil
www.globolivros.com.br

Texto fixado conforme as regras do Acordo Ortográfico da Língua Portuguesa (Decreto Legislativo nº 54, de 1995).

Publicado originalmente na Grã-Bretanha em 2017 por Dorling Kindersley Limited, 80 Strand London, WC2R 0RL. Parte da Penguin Random House.

Título original: *Heads Up Sociology*

Copyright © Dorling Kindersley Limited, 2017

Copyright da tradução © Editora Globo S.A., 2019

CIP-BRASIL. CATALOGAÇÃO NA PUBLICAÇÃO
SINDICATO NACIONAL DOS EDITORES DE LIVROS, RJ

Y84s

Yuill, Chris
Se liga na sociologia / Chris Yuill, Christopher Thorpe ; consultoria Megan Todd ; ilustração Sheila Collins ... [et al.] ; tradução Bruno Alexander. - 1. ed - Rio de Janeiro : Globo Livros, 2019.
160 p. : il. ; 24 cm.

Tradução de: Heads up sociology
Inclui bibliografia e índice
ISBN 9788525068347

1. Sociologia. 2. Globalização - Aspectos sociais. I. Thorpe, Christopher. II. Todd, Megan. III. Collins, Sheila. IV. Alexander, Bruno. V. Título.
19-56415
CDD: 301
CDU: 316

Meri Gleice Rodrigues de Souza - Bibliotecária CRB-7/6439
08/04/2019 10/04/2019

1ª edição, 2019
Impressão e acabamento: Ipsis

Todos os direitos reservados. Nenhuma parte desta edição pode ser utilizada ou reproduzida — em qualquer meio ou forma, seja mecânico ou eletrônico, fotocópia, gravação etc. — nem apropriada ou estocada em sistema de banco de dados sem a expressa autorização da editora.

UM MUNDO DE IDEIAS
www.dk.com

SE LIGA NA SOCIOLOGIA

ESCRITO POR
DR. CHRIS YUILL E
DR. CHRISTOPHER THORPE

CONSULTORIA DE
DRA. MEGAN TODD

Sumário

06	O que é SOCIOLOGIA?
08	O que os SOCIÓLOGOS FAZEM?
10	MÉTODOS de pesquisa

Quem SOU EU?

14	Qual é a minha IDENTIDADE?
16	MENINAS e MENINOS
18	MULHERES e trabalho
20	Biografia: JUDITH BUTLER
22	Qual é a minha TRIBO?
24	A RAÇA importa?
26	Biografia: ELIJAH ANDERSON
28	Quem você AMA?
30	IDADE e sociedade
32	O que significa FAMÍLIA?
34	Somos todos CLASSE MÉDIA agora?
36	Biografia: KARL MARX
38	Identidade NA PRÁTICA

EXISTE sociedade?

42	O que as escolas ENSINAM?
44	As INSTITUIÇÕES são uma coisa boa?
46	Biografia: CHARLES WRIGHT MILLS
48	Quem detém o PODER?
50	Qual é o papel da RELIGIÃO na sociedade?
52	A RELIGIÃO ainda IMPORTA?
54	Vida RURAL *versus* vida URBANA
56	Um senso de COMUNIDADE
58	Biografia: MAX WEBER
60	Por que nós TRABALHAMOS?
62	Como o trabalho está MUDANDO?
64	Biografia: ARLIE HOCHSCHILD
66	VIGIANDO os trabalhadores
68	Instituições sociais NA PRÁTICA

Quando tudo dá ERRADO

72 Por que as pessoas cometem CRIMES?

74 Biografia: ÉMILE DURKHEIM

76 QUEBRANDO as REGRAS da sociedade

78 CRIME de colarinho-branco

80 Estamos todos sendo FILMADOS?

82 História de DETETIVE

84 Biografia: HOWARD BECKER

86 SAÚDE e igualdade

88 INADEQUAÇÃO

90 Crime e saúde NA PRÁTICA

Por que o mundo é tão INJUSTO?

94 Super-RICO!

96 Riqueza e STATUS

98 A armadilha da POBREZA

100 De quem é a CULPA?

102 De onde vem o RACISMO?

104 Por que os países EM DESENVOLVIMENTO ainda não se desenvolveram?

106 Biografia: BOAVENTURA DE SOUSA SANTOS

108 A GLOBALIZAÇÃO é uma coisa boa?

110 GLOCALIZAÇÃO

112 Biografia: SASKIA SASSEN

114 Qual é o nosso IMPACTO no PLANETA?

116 Biografia: ANTHONY GIDDENS

118 Riqueza e desenvolvimento NA PRÁTICA

CULTURA moderna

122 COMPRO, logo existo?

124 O que é CULTURA?

126 Biografia: PIERRE BOURDIEU

128 Tempo de LAZER

130 Vivemos tempos INCERTOS

132 Biografia: ZYGMUNT BAUMAN

134 As MÍDIAS DE MASSA afetam VOCÊ?

136 Quem é dono da MÍDIA?

138 Quem DECIDE o que é notícia?

140 Quais são suas fontes de NOTÍCIAS?

142 O que a INTERNET FAZ por nós?

144 Você vive ON-LINE?

146 Cultura e mídia NA PRÁTICA

148 Diretório de sociólogos
152 Glossário
156 Índice remissivo
160 Agradecimentos

O que é **SOCIOLOGIA**?

HOMENS E MULHERES SÃO REALMENTE TÃO DIFERENTES? POR QUE ALGUMAS PESSOAS SÃO SUPER-RICAS, ENQUANTO OUTRAS NÃO TÊM ONDE MORAR? POR QUE ALGUMAS PESSOAS COMETEM CRIMES? EIS ALGUMAS PERGUNTAS CENTRAIS DA VIDA, E SE VOCÊ JÁ FEZ PERGUNTAS COMO ESSAS, VOCÊ JÁ É UM POUCO SOCIÓLOGO. A SOCIOLOGIA É O ESTUDO DA SOCIEDADE, MAS TAMBÉM UMA NOVA FORMA DE PENSAR O MUNDO.

Os sociólogos, pessoas que estudam sociologia, estão interessados nas formas pelas quais indivíduos, grupos e sociedades são moldados e na maneira como interagem uns com os outros. Eles analisam o funcionamento das instituições sociais, como família, sistema educacional, religiões e governos, e consideram os modos pelos quais elas afetam a vida das pessoas.

A sociologia surgiu no final do século XVIII, quando grande parte do mundo mudava rapidamente devido à crescente industrialização. O filósofo alemão Karl Marx e outros pensadores da época estavam preocupados com a desigualdade que viam crescer a cada dia. Eles queriam entender o que estava acontecendo e o efeito disso nas pessoas e nas sociedades. A sociologia é uma ciência social que utiliza uma variedade de métodos para

Introdução

investigar o mundo social. Com base em evidências e lógica, desenvolve e testa teorias como o marxismo e o feminismo, que podem ajudar nesse processo. Ser sociólogo também requer o que o sociólogo americano Charles Wright Mills chamou de "imaginação sociológica", a capacidade de desafiar ideias de senso comum sobre o mundo e fazer novas perguntas. Por exemplo, podemos perguntar: "Por que temos problemas como racismo e homofobia?", ou: "As notícias dizem a verdade?".

O mais importante é que a sociologia oferece a possibilidade de compreender mais plenamente nossa vida e melhorá-la. Como disse o sociólogo polonês Zygmunt Bauman, o objetivo da sociologia é "ajudar o indivíduo".

O que os SOCIÓLOGOS FAZEM?

SOCIOLOGIA NO AMBIENTE ACADÊMICO

Conferencista
Um conferencista trabalha numa faculdade ou universidade, dá palestras para grandes grupos de estudantes e discute o assunto com eles em pequenos grupos ou seminários. Também escreve livros e artigos sobre o tema.

Pesquisador
Atuando também numa faculdade ou universidade, um pesquisador dedica seu tempo a projetos que revelarão mais sobre importantes questões sociais.

SOCIOLOGIA NO SERVIÇO PÚBLICO

Policial
Grande parte da sociologia analisa por que as coisas dão errado para algumas pessoas. Isso é útil para quem trabalha na polícia ou em locais de encarceramento e pode ajudar a entender por que as pessoas violam a lei e como podem ser amparadas.

Assistente social
A sociologia mostra por que algumas pessoas precisam batalhar tanto na sociedade. Compreender as questões que os indivíduos enfrentam e como elas os afetam pode auxiliar um assistente social a melhorar a vida de pessoas vulneráveis ou socialmente excluídas.

SOCIOLOGIA NOS NEGÓCIOS

Recrutamento
Entender o que motiva as pessoas e as oportunidades disponíveis para elas na sociedade pode favorecer profissionais da área de recrutamento a encontrar a pessoa certa para o emprego certo.

Introdução

A SOCIOLOGIA OCUPA-SE COM AS PESSOAS, E OS SOCIÓLOGOS DESENVOLVEM UMA SÉRIE DE HABILIDADES QUE PODEM SER UTILIZADAS EM DIVERSAS ÁREAS. OS SOCIÓLOGOS SÃO CAPAZES DE ANALISAR INFORMAÇÕES, TÊM UM ESPÍRITO INQUISIDOR E GOSTAM DE SE APROFUNDAR NAS QUESTÕES. MUITAS PESSOAS QUE ESTUDAM SOCIOLOGIA DESEJARÃO USAR PROFISSIONALMENTE SUAS HABILIDADES E SEU CONHECIMENTO PARA AJUDAR AQUELES QUE ESTÃO BATALHANDO NA SOCIEDADE, OU TALVEZ ELAS GOSTEM DE TRABALHAR PARA OBTER O MELHOR DAS PESSOAS.

Alguns sociólogos passam a maior parte do tempo escrevendo livros e artigos para publicação em jornais e revistas. Os livros podem introduzir os leitores ao assunto ou apresentar discussões e análises profundas sobre um tópico específico.

Escritor

A sociologia nos ajuda a entender como uma sociedade funciona e em que consiste uma boa sociedade, algo que todo político deveria saber. A sociologia pode revelar as causas da desigualdade e da discriminação.

Político

Um analista político trabalha para criar políticas governamentais que ajudem a sociedade a funcionar de forma mais harmoniosa e justa para todos.

Analista político

Estudar sociologia pode ajudar a descobrir o que motiva e estimula as pessoas. Conhecer os problemas que algumas famílias enfrentam na sociedade também auxilia os professores a encontrar maneiras de trabalhar com alunos que estão tendo dificuldades.

Professor

Atuar em recursos humanos (RH) em um escritório ou outro local significa trabalhar com pessoas para desenvolver seu potencial. A sociologia pode ajudar a explicar como e por que as pessoas se comportam de certas maneiras em determinados ambientes.

Recursos humanos

Entender como a sociedade funciona e perceber os padrões de comportamento das pessoas são habilidades essenciais para trabalhar com marketing. Esse conhecimento ajuda os profissionais da área a desenvolver uma estratégia para promover um produto.

Marketing

MÉTODOS de pesquisa

A SOCIOLOGIA É UMA CIÊNCIA — UMA CIÊNCIA SOCIAL — VOLTADA PARA O ENTENDIMENTO DE COMO A SOCIEDADE FUNCIONA. ASSIM COMO OUTRAS DISCIPLINAS CIENTÍFICAS, BASEIA-SE NA PESQUISA PARA FAZER NOVAS DESCOBERTAS E OBTER *INSIGHTS*. OS SOCIÓLOGOS NÃO REALIZAM EXPERIÊNCIAS EM LABORATÓRIOS. ELES TENTAM SE ENVOLVER O MÁXIMO POSSÍVEL COM AS PESSOAS PARA SABER COMO ELAS VEEM A SOCIEDADE EM QUE VIVEM. EIS ALGUMAS DAS PRINCIPAIS FORMAS DE UM SOCIÓLOGO REUNIR INFORMAÇÕES.

Entrevistas
Uma abordagem chamada "entrevista semiestruturada" é uma espécie de conversa guiada. O entrevistador cria um ambiente descontraído para os participantes falarem livremente sobre como o assunto pesquisado afeta sua vida. Não importa se algo é verdadeiro ou falso. O que importa é o que é significativo para as pessoas entrevistadas e de que maneira elas interpretam e compreendem o mundo ao seu redor.

Grupos de discussão
A criação de um grupo de discussão é uma forma de descobrir como um pequeno conjunto de pessoas se sente em relação a uma situação específica. O sociólogo reúne entre seis e doze pessoas que geralmente têm algo em comum. Por exemplo, membros de uma mesma comunidade, local de trabalho ou grupo de jovens. Além de coletar informações sobre o assunto da pesquisa, o sociólogo também observa como os participantes do grupo interagem.

Introdução

Pesquisas e estatísticas
Se um pesquisador quiser obter informações de um número maior de participantes, ele pode realizar uma pesquisa, que consiste em perguntas cuidadosamente planejadas com um número limitado de respostas. O pesquisador analisará os resultados e identificará os padrões. As estatísticas de governos ou organizações (chamadas de conjuntos de dados) fornecem informações com base nas respostas de milhares de pessoas. O "Big Data" é processado por computadores e ajuda a compreender o comportamento de pessoas do mundo todo.

Etnografia
Em alguns casos, o pesquisador procura camuflar-se num grupo, como uma comunidade ou um ambiente de trabalho, e passa muito tempo, possivelmente anos, observando e registrando como os membros do grupo vivem e quais são seus valores e costumes. Esse processo, conhecido como etnografia, busca chegar o mais perto possível da experiência dos indivíduos estudados. No entanto, fazer parte de uma comunidade e não revelar que você é um pesquisador requer muito planejamento.

Quem **SOU EU?**

Qual é a minha IDENTIDADE?

MENINAS e MENINOS

MULHERES e trabalho

Qual é a minha TRIBO?

A RAÇA importa?

Quem você AMA?

IDADE e sociedade

O que significa FAMÍLIA?

Somos todos CLASSE MÉDIA agora?

Nossa identidade é influenciada por fatores como classe, etnia, idade e gênero, da mesma forma que nossos gostos em áreas como moda e música. O processo de descobrir quem somos e onde nos encaixamos ocorre dentro da sociedade. Os sociólogos exploram essa relação entre os indivíduos e a sociedade em que vivem.

Quem sou eu?

Qual é a minha

DE ONDE VEM NOSSA IDENTIDADE? OS SOCIÓLOGOS NÃO A VEEM COMO ALGO FIXO, INATO, MAS COMO UMA MISTURA DE FATORES, ALGUNS MAIS DIFÍCEIS DE MUDAR, COMO RAÇA OU GÊNERO, E OUTROS MAIS FÁCEIS, COMO O TRABALHO OU A MANEIRA DE SE VESTIR.

Um mundo em transformação

Nas gerações anteriores, muitas pessoas tinham um único emprego a vida toda, e isso lhes dava uma sensação de segurança e certeza em relação a quem elas eram. Havia também poderosas instituições profundamente enraizadas na vida dos indivíduos, como a religião, que proporcionava um forte senso de pertencimento no mundo. Hoje, no entanto, esses fatores não são tão fixos na vida das pessoas, e essas certezas não existem mais.

Fatores que criam identidade

Os sociólogos estudam como a identidade, a noção de quem somos, surge de uma relação entre o indivíduo e diversas partes e processos da sociedade. O sociólogo britânico Richard Jenkins passou um tempo pensando em como a identidade se forma, concluindo que se trata de um processo "dialético" com a sociedade. O que ele entende por dialética nesse caso é que dois aspectos opostos da identidade se juntam para produzir algo novo. Os dois aspectos são as características pessoais, sobre as quais o indivíduo pode exercer algum controle, e as características sociais, incluindo classe, gênero, sexualidade e etnia, sobre as quais o indivíduo tem consideravelmente menos controle. As várias características sociais da identidade são discutidas com maior profundidade mais adiante neste capítulo,

> A primeira *selfie* foi tirada por Robert Cornelius, na Filadélfia, em 1839.

IDENTIDADE?

> **SEJA VOCÊ MESMO; TODAS AS OUTRAS IDENTIDADES JÁ TÊM DONO.**
> OSCAR WILDE, DRAMATURGO IRLANDÊS DO SÉCULO XIX

em que descobrimos que elas são "construções sociais", ou seja, algo que pode parecer "natural" é, na verdade, o resultado de desenvolvimentos sociais, históricos e culturais ao longo do tempo. Em muitos aspectos, essa é a chave para entender o que é a sociologia — ela investiga como grande parte do que acontece com as pessoas e ao seu redor pode ser explicado quando compreendemos a sociedade em que vivemos.

Administrando a identidade

Para algumas pessoas, manter sua identidade talvez seja difícil. Elas podem ter um estilo de vida ou uma doença que as leve, em determinadas circunstâncias, a ser injustamente estigmatizadas. O sociólogo americano Erving Goffman analisou no livro *Estigma* (1963) o efeito que a estigmatização pode ter sobre alguém. Ele fala sobre como algumas pessoas são obrigadas a administrar sua identidade para evitar reações negativas, como ocorre com gays, pessoas que estiveram na prisão ou que sofrem de alguma doença mental. Essa situação requer um planejamento exaustivo e causa grande estresse psicológico. Na década de 1990, o sociólogo britânico Anthony Giddens tentou descobrir que aspecto de nossa identidade é constante, quando tantas tradições mudaram. Ele diz que as pessoas se voltam cada vez mais para o corpo como algo que elas podem controlar, e se torna, portanto, a área em que exibimos nossa identidade. Pense em quantas *selfies* são postadas nas mídias sociais e em quanto tempo e dinheiro as pessoas gastam com aparência. Elas costumam expressar quem gostariam de ser na apresentação de seu corpo, então, encontrar a identidade é um processo importante que ocorre dentro da sociedade.

Veja também: 122-123, 144-145

Identidade 15

VOCÊ PODE ESCOLHER QUEM VOCÊ QUER SER?

Somos todos diferentes
Nossa identidade vem de uma mistura de fatores, alguns fixos e outros que podemos escolher. Não existimos isoladamente, e a sociedade em que vivemos também ajuda a criar nossa identidade.

Quem sou eu?

MENINAS e MENINOS

PODEMOS ACHAR QUE SABEMOS O QUE SIGNIFICA SER UM MENINO OU UMA MENINA. PARECE ALGO COMPLETAMENTE NATURAL. NASCEMOS COMO MENINO OU MENINA, E NOSSO COMPORTAMENTO REFLETE ESSE FATO BIOLÓGICO. NO ENTANTO, A SOCIOLOGIA NOS DIZ QUE O GÊNERO TEM MUITO A VER COM A SOCIEDADE EM QUE VIVEMOS.

> O *Telegraph* listou 25 palavras do inglês utilizadas para descrever mulheres, entre elas *airhead* ["fútil"], *bossy* ["mandona"] e *sassy* ["abusada"].

Será tudo uma questão biológica?

Nossa identidade de gênero (sejamos do sexo masculino, sejamos do feminino) está ligada apenas à nossa biologia ou a questão é mais complexa do que isso? O que configura nosso gênero tem muito a ver com a sociedade e os tempos em que vivemos. Se algo é natural ou genético, então deveria ser igual em qualquer lugar ou momento. Contudo, descobrimos que o significado de ser homem ou mulher muda constantemente, ou seja, não é algo fixo. Por exemplo, ser homem ou mulher há cem anos era bem diferente do que ser homem ou mulher hoje em dia. Cem anos atrás, as mulheres não tinham permissão para votar e eram até desencorajadas a expressar sua opinião; hoje, uma mulher pode concorrer à presidência dos Estados Unidos. Existem inúmeras associações com o gênero que também mudaram. A cor rosa, hoje, está fortemente ligada às meninas; suas roupas e brinquedos têm todos um tom muito parecido. Na Inglaterra vitoriana, porém, rosa era cor de menino, uma forma "mais jovem" do vermelho "masculino".

Ser socializado

Os sociólogos identificaram um processo, chamado socialização, que é o modo como aprendemos a nos encaixar em sociedade, descobrindo o que é aceitável

AS MENINAS APRENDEM A SER MENINAS NA SOCIEDADE EM QUE VIVEM...

Identidade

e o que se espera de nós. A socialização do gênero está vinculada a uma série de processos óbvios e sutis que moldam nosso comportamento como meninas ou meninos. O livro da socióloga americana Iris Marion Young intitulado *Throwing Like a Girl* mostra como meninos e meninas são socializados para se comportarem de maneira diferente. Por exemplo, as meninas são encorajadas a pensar que não podem jogar bola bem e que seu corpo é frágil e fraco, enquanto os meninos são encorajados a pensar o contrário.

Performance simulada

Outra maneira de refletir sobre como nosso gênero é construído pela sociedade é apresentada pela socióloga americana Judith Butler, que acredita que aprendemos a agir como homem ou mulher. É a personificação do comportamento socialmente esperado (a que ela se refere como "performatividade de gênero") que dá origem ao gênero. O gênero é, portanto, algo externo e não interno a nós. Essa constante representação do gênero cria a falsa impressão de que aquilo que se considera uma prática social é natural. A socióloga australiana Raewyn Connell compartilha a mesma opinião de Butler, de que o gênero é uma construção social. Em sua análise, ela afirma que o gênero é disposto numa hierarquia, em que a masculinidade é mais valorizada do que a feminilidade. Connell acredita que existem diferentes maneiras de ser homem ou mulher, e esses comportamentos, que ela chama de "masculinidades" e "feminilidades", são classificados na sociedade, com alguns sendo mais masculinos ou femininos do que outros. A forma mais poderosa de masculinidade é a "masculinidade hegemônica". Esse tipo de masculinidade está ligado ao estilo "machão", durão, bem-sucedido e extrovertido. No entanto, para Connell, o crucial é o comportamento, não o sexo biológico. Assim, as mulheres também podem agir de acordo com a masculinidade hegemônica. A chanceler alemã Angela Merkel e a ex-primeira-ministra britânica Margaret Thatcher incorporam os traços associados à masculinidade hegemônica. Gênero, então, é um estado do ser, que se explica não em termos de biologia, mas em relação à sociedade como um todo e suas expectativas sobre o que é ser um homem ou uma mulher.

NÃO PRECISO DE AJUDA

Pesquisas realizadas no Reino Unido pela socióloga médica Rosaleen O'Brien (2006) revelaram que tentar corresponder às demandas da masculinidade hegemônica afeta a saúde dos homens. Segundo o estudo, os homens evitam falar sobre problemas físicos ou emocionais, o que poderia fazê-los parecer fracos. Como resultado de não procurar ajuda, eles acabam desenvolvendo problemas de saúde.

> ... E É ASSIM QUE OS MENINOS TAMBÉM APRENDEM A SER MENINOS.

Aprendendo a se encaixar

Processo de socialização significa que meninos e meninas aprendem que tipo de comportamento é aceitável na sociedade e que tipo não é. Se um menino quiser brincar de boneca, ele deverá ser desencorajado de modo a se encaixar naquilo que é considerado "normal".

Quem sou eu?

MULHERES

> Só por volta do ano 2150 é que a disparidade salarial entre gêneros deixará de existir nos EUA; no Reino Unido, talvez em 2070.

A MAIORIA DAS SOCIEDADES DISCRIMINA AS MULHERES, QUE TÊM MENOS OPORTUNIDADES E GANHAM MENOS DO QUE OS HOMENS. MESMO ASSIM, PARA A MAIORIA DELAS, "TRABALHO" NÃO É SÓ SEU EMPREGO REMUNERADO. ELAS TAMBÉM CUIDAM DA CASA E DE OUTRAS PESSOAS, FUNÇÃO GERALMENTE NÃO REMUNERADA.

Empregos para mulheres

Para suprir a escassez de trabalhadores em fábricas durante a Segunda Guerra Mundial, o governo dos Estados Unidos iniciou uma campanha para recrutar mais mulheres (veja o quadro abaixo). Tentava-se reverter o estereótipo de gênero dominante que ditava que as mulheres não podiam trabalhar em fábricas e eram mais adequadas como secretárias ou donas de casa. A campanha deu certo, e a mão de obra foi reforçada por um grande número de mulheres. Com o fim da guerra, porém, os homens voltaram, e a necessidade de mulheres diminuiu. Elas perderam o emprego, e o estereótipo pré-guerra das funções que as mulheres eram capazes de exercer foi rapidamente restabelecido. Esse exemplo ilustra como o trabalho das mulheres é determinado pelo tipo de sociedade em que vivem. Claramente, durante a Segunda Guerra, as mulheres foram capazes de realizar o mesmo trabalho que os homens, mas a discriminação na sociedade determina que nem sempre lhes sejam dadas as mesmas oportunidades. Embora as mulheres alcancem os mesmos níveis educacionais que os homens, a maioria das sociedades as discrimina, mantendo-as numa posição inferior à deles, de modo que muitas restrições são impostas a elas no que se refere ao acesso ao emprego.

> **O TRABALHO DE UMA MULHER NUNCA TERMINA.**
> ANÔNIMO

Barreira à ascensão

"Presa entre um teto de vidro e um chão pegajoso" é uma maneira de resumir as experiências profissionais das mulheres. Teto de vidro significa que a mulheres são capazes de ver os melhores empregos, mas não conseguem ultrapassar esse limite e ocupar tais posições. Chão pegajoso refere-se à armadilha dos empregos mal remunerados, de baixo status e que exigem pouca qualificação, como os de garçonete ou faxineira. Apesar das décadas de feminismo e legislação instituindo igualdade salarial na Europa e na América do Norte, o salário semanal de uma mulher é significativamente menor do que o de um homem em muitos países. Nos Estados Unidos, a disparidade salarial entre homens e mulheres é de 20%, enquanto no Reino Unido a diferença é de pouco menos de 14%. Outra forma de expressar tal cifra do Reino Unido é imaginar que, se os salários dos homens durassem 12 meses a partir de 1º de janeiro, os das mulheres durariam apenas até o dia 10 de novembro. No resto do ano, as mulheres estariam trabalhando sem remuneração.

ROSIE, A REBITADORA

Durante a Segunda Guerra, o governo americano criou uma personagem chamada "Rosie, a Rebitadora" para encorajar mulheres a trabalhar em fábricas. Rosie aparecia em cartazes vestindo o macacão azul usado pelos homens, com o slogan "Nós somos capazes", inspirando as mulheres a aceitar o desafio.

e trabalho

Trabalho doméstico

Para muitas mulheres, "trabalho" não é só emprego remunerado. Inclui a criação dos filhos, assim como tarefas domésticas. Publicado na década de 1970, o livro da socióloga britânica Ann Oakley *The Sociology of Housework* enfatizava que o trabalho doméstico é tão importante, valioso e demandante quanto o trabalho remunerado. Embora o livro de Oakley tenha sido escrito há mais de quarenta anos, suas ideias continuam relevantes. Mulheres ainda se dedicam à casa e aos filhos mais do que homens. Uma pesquisa realizada na Grã-Bretanha em 2011 por Man Yee Kan e seus colegas revela que, em média, homens dedicam 148 minutos semanais às tarefas domésticas, enquanto as mulheres dedicam 280. Essa situação afeta homens e mulheres; ambos são limitados por estereótipos de gênero ou ideias fixas sobre quais trabalhos podem realizar. As desigualdades que existem no local de trabalho refletem outras que as mulheres enfrentam na sociedade. Os problemas que elas encaram no trabalho são outro exemplo de discriminação.

As funções das mulheres

Ainda há menos mulheres que homens em altos cargos executivos nos negócios, no direito e na medicina.

Veja também: 48-49, 64-65

AS MULHERES DESEMPENHAM FUNÇÕES MAL REMUNERADAS E DE BAIXO STATUS EM MUITAS PROFISSÕES

Quem sou eu?

JUDITH BUTLER
1956-

A socióloga e filósofa americana Judith Butler é uma das principais estudiosas de questões feministas e de gênero no mundo. Ela estudou filosofia na Universidade Yale e atualmente é professora de literatura comparada na Universidade da Califórnia, em Berkeley. Ela é mais conhecida por seu livro *Problemas de gênero* (1990), que desafia as teorias tradicionais sobre gênero e sexualidade. Além de seu trabalho acadêmico, ela também é uma defensora ativa dos direitos humanos.

ORIGEM JUDAICA

Nascida em 1956, Butler cresceu numa família judaica em Cleveland, Ohio. De acordo com Butler, ela se interessou por filosofia aos catorze anos durante uma conversa com o rabino de sua sinagoga. Seus pais eram judeus praticantes que haviam perdido vários familiares no Holocausto. Foi sua herança judaica, afirma ela, que a fez decidir se posicionar contra a violência e a injustiça.

IDENTIDADE DE GÊNERO

Em *Problemas de gênero*, Butler contesta a ideia tradicional de que as pessoas nascem como homem ou mulher. Segundo ela, não é o que as pessoas *são*, mas o que elas *fazem* que determina seu gênero (ela chama isso de "performatividade de gênero"). Em todas as sociedades, espera-se que homens e mulheres se comportem de um modo "masculino" ou "feminino". Depois de um tempo, ficamos tão acostumados a repetir esses padrões que o gênero parece natural.

Identidade

> "Os papéis masculinos e femininos não são determinados **biologicamente**, mas construídos **socialmente**."

TEORIA QUEER

Butler foi influente no desenvolvimento do que veio a ser conhecido como "teoria *queer*", que diz não existir sexualidade "normal". Ela adverte contra o uso de rótulos para descrever o gênero e a sexualidade, argumentando que a identidade sexual pode ser "fluida". Como defensora ativa dos direitos humanos de gays e lésbicas, acredita que é necessária uma ação radical para desafiar as visões tradicionais sobre questões de gênero.

Butler se tornou uma figura tão conhecida na década de 1990 que tinha seu próprio fanzine, chamado "Judy".

GUERRA E MÍDIA

Em seu livro *Quadros de guerra* (2016), Butler mostra como a mídia retrata as vítimas de guerra de uma forma que nos afasta de seu sofrimento. Segundo ela, os ocidentais desprezam as vítimas da guerra e da tortura em países como Iraque e Síria porque suas vidas e experiências parecem muito distantes. Ela reivindica de governos e instituições globais que reconheçam o sofrimento de todas as vítimas de guerra.

Quem sou eu?

Qual é a minha TRIBO?

A SOCIEDADE GLOBAL É IMENSA, E OS JOVENS, SOBRETUDO, PODEM NÃO SABER DIREITO QUEM ELES SÃO E QUE LUGAR OCUPAM NO MUNDO. MUITOS GOSTAM DA IDEIA DE SER "DIFERENTE", MAS, AO MESMO TEMPO, TEMEM O ISOLAMENTO. PERTENCER A UMA SUBTRIBO MENOR OFERECE UM SENSO DE IDENTIDADE E SEGURANÇA.

Todos os anos, fãs de HQs, filmes e ficção científica, vestidos a caráter, se encontram num dos muitos eventos mundiais voltados a esse segmento.

Queremos pertencer

Tentar descobrir quem somos, em que acreditamos e como queremos que o mundo nos veja consome muita energia emocional. Uma maneira pela qual as pessoas, principalmente os jovens, tentam lidar com tudo isso é formar ou participar de "subculturas". Podemos pensar nessas subculturas como pequenas tribos com uma identidade ou aparência comum. Pertencer a uma subcultura oferece, pelo menos por um tempo, respostas para a questão de quem somos. Dentro de tal grupo social, podemos encontrar uma identidade e um agradável senso de diferença em relação à norma, não apenas em termos da moda que seguimos, mas daquilo em que acreditamos e de como interpretamos os o mundo. As subculturas permitem que nos associemos e socializemos com pessoas afins, que entendem quem somos de uma forma que as culturas dominantes do mundo não são capazes de entender.

Góticos e *geeks*

Exemplos de subculturas podem ser encontrados em qualquer lugar. Alguns são grupos de pessoas que formaram gangues de rua; muitos seguem um estilo particular de música, como *grime* ou metal. As subculturas gostam de criar nomes "tribais" para si mesmas e, às vezes, recebem um rótulo de pessoas de fora do grupo. No mundo ocidental, os góticos são um bom exemplo de uma subcultura bem conhecida baseada num tipo específico de rock. *Trekkies* são uma subcultura que compreende os fãs incondicionais dos filmes e séries de TV da franquia Star Trek. Participar de uma das convenções realizadas ao redor do mundo é a melhor chance de um *trekkie* conhecer os colegas entusiastas do grupo, mas basta uma breve conversa para que um *trekkie* reconheça outro em qualquer lugar. Uma subcultura também pode significar simplesmente os torcedores de um time de futebol ou os praticantes

de determinado esporte, como o ciclismo. Assim, cada subcultura pode ser radicalmente diferente das outras, mas o que todas têm em comum é o desejo de se destacar de alguma forma do que elas veem como a cultura predominante.

Reconhecendo os sinais tribais

Para identificar uma subcultura, procure os símbolos e sinais que seus membros usam para comunicar sua lealdade a um grupo específico. Por exemplo, o preto é a cor adotada pelos góticos para roupas, cabelos e maquiagem. Os *trekkies* gostam de linguagem tecnológica e até aprendem línguas extraterrestres fictícias, como klingon. Mas uma subcultura pode ser reconhecida não apenas por palavras obscuras ou por um estilo distinto de vestir, mas pela postura, pela atitude e pelas crenças. Um sinal tribal pode ser qualquer coisa que envie uma mensagem à sociedade em geral, dizendo: "Não somos como vocês".

ENCONTRO GÓTICO

Duas vezes por ano em Whitby, uma cidade costeira construída sobre um penhasco, no norte da Inglaterra, centenas de góticos (e milhares de não góticos) se reúnem no fim de semana para celebrar sua cultura e ouvir música. A associação da cidade com o clássico de horror gótico *Drácula*, de 1897, do autor irlandês Bram Stoker, é a atração. Vampiros e mortos-vivos são temas centrais da subcultura.

> **TODA CULTURA OU SUBCULTURA É DEFINIDA POR UM CONJUNTO DE VALORES EM COMUM.**
> KENNETH E. BOULDING, ECONOMISTA BRITÂNICO

De radical a convencional

As subculturas não duram para sempre e estão sendo absorvidas pela cultura predominante de modo muito mais rápido do que em décadas anteriores. O que antes era excêntrico e radical, hoje é sinal de conformidade. Por exemplo, o estilo de música *house*, que tem suas raízes subculturais nas comunidades gay e negra de Chicago, agora é considerado *dance*, que todos ouvem. Mesmo assim, as subculturas de curta duração ainda fornecem informações valiosas sobre por que somos atraídos por pequenas tribos e como as pessoas criam e apresentam um senso de identidade.

Veja também: 14-15, 122-123

Quem sou eu?

A RAÇA

Uma única espécie
Há muita diversidade em termos de aparência e estilo de vida, mas nossos genes são todos parecidos.

PERTENCEMOS A UMA ÚNICA CATEGORIA CIENTÍFICA...

NO SÉCULO XXI, TALVEZ QUEIRAMOS ACREDITAR QUE VIVEMOS NUM MUNDO EM QUE SUPOSTAS DIFERENÇAS ENTRE AS PESSOAS, COM BASE EM IDEIAS PRECONCEBIDAS DE RAÇA, NÃO EXISTEM MAIS. NÃO FALTAM, PORÉM, EVIDÊNCIAS — ENTRE INDIVÍDUOS, INSTITUIÇÕES E PAÍSES — DE QUE AINDA TEMOS UM LONGO CAMINHO A PERCORRER.

> **SÓ DEVEMOS SEPARAR ALGO POR COR NA HORA DE LAVAR ROUPA.**
> ANÔNIMO

Foco na etnia
Em seu discurso de posse em 2009, o presidente americano Barack Obama chamou a atenção para o fato de que ele era presidente na mesma cidade onde seu pai não conseguiu emprego num restaurante por ser negro. Obama estava se referindo à década de 1960, quando a segregação racial, que tinha força legal, chegava ao fim. Sua presidência foi considerada uma sinalização do término da divisão racial nos EUA. O que aconteceu desde então provou que tais questões estão longe de serem resolvidas. A eleição presidencial americana de 2016, a saída do Reino Unido da União Europeia (o "Brexit") e a entrada de partidos de extrema-direita no cenário mundial evidenciaram um foco renovado em etnia, raça e identidade nacional. Assim, a resposta para a pergunta "A raça importa?" é "sim".

Há mais variação genética dentro de um único grupo étnico do que entre diferentes grupos.

Não existe "raça"
Não há base científica para o termo *raça*. Seres humanos são muito semelhantes do ponto de vista genético, e há tão pouca variação entre nós que não é possível traçar limites claros em torno das pessoas e rotulá-las como um grupo racial distinto. A raça é um exemplo de construção social, em que os processos sociais criam algo que, em essência, não existe, mas que assume uma força real na vida de todos. Os sociólogos preferem chamar isto de "racialização". É difícil encontrar evidências históricas de que a raça sempre

Veja também: 50-51, 126-127

importa?

Identidade

A RAÇA HUMANA. SÓ AS FORÇAS SOCIAIS NOS SEPARAM.

foi uma questão. Na Roma Antiga, várias figuras centrais, como o imperador Septímio Severo (que governou de 193 a 211 d.C.), eram negras. Pouco se fala de sua cor de pele nos relatos escritos da época, porque os antigos romanos não achavam que fizesse alguma diferença. Eles julgavam as pessoas apenas como civilizadas ou bárbaras.

Os efeitos da discriminação

Alguns sociólogos afirmam que o racismo está enraizado em nossa sociedade. E, de fato, existem evidências em muitas esferas da vida cotidiana. Pessoas de minorias étnicas são discriminadas em termos de emprego, moradia e educação. A análise de como o racismo afeta o bem-estar de grupos minoritários revela que apresentam saúde relativamente fraca. Onde há fatores de estilo de vida, como dieta, eles fornecem apenas parte da explicação. Os sociólogos argumentam que o estresse crônico causado por várias formas de racismo, abuso, discriminação e estigma social tem um impacto profundo na saúde.

Racismo institucional

Instituições como serviços de saúde, policiais e empresas às vezes tratam as pessoas de maneira diferente por causa de suas origens étnicas. Isso não significa que todos os que trabalham para uma determinada entidade sejam racistas, mas que a instituição tem uma cultura negativa sobre etnia. Grupos de protesto contra o racismo institucional fazem parte da resposta do século XXI aos preconceitos que ainda temos de consignar ao passado. A raça ainda não deixou de importar.

Veja também: 91, 102-103

ATIVISTAS ON-LINE

O movimento pelos direitos civis Black Lives Matter foi formado em 2013 em resposta aos assassinatos, muito noticiados, de negros por policiais nos Estados Unidos. O grupo é conhecido mundialmente por seus protestos contra o racismo. Os ativistas do Black Lives Matter, espalhados pelo mundo, estão unidos não pela insígnia de um único líder, mas pelo poder abrangente das mídias sociais, como o Facebook e o Twitter.

ELIJAH ANDERSON

1943-

O sociólogo americano Elijah Anderson dedicou sua carreira às questões de raça e racismo nas áreas pobres dos centros urbanos dos Estados Unidos. Anderson estudou sociologia nas Universidades de Indiana e Chicago e atualmente é professor na Universidade Yale onde leciona sociologia e estudos afro-americanos. Grande parte de seu trabalho se concentra na forma como os negros são tratados na sociedade branca de classe média.

NAS ESQUINAS DA VIDA

Anderson nasceu numa fazenda de algodão no Mississípi durante a Segunda Guerra Mundial. Depois do conflito, seus pais, para fugir da pobreza e do racismo do Sul, se mudaram para Chicago. Foi lá que Anderson começou a se interessar pela vida negra das esquinas. Ele passou três anos entrevistando homens locais num bar de uma esquina de Chicago, aprendendo sobre a comunidade e o modo como ela funcionava. Sua pesquisa levou ao seu primeiro livro, *A Place on the Corner* (1978).

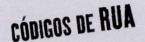

CÓDIGOS DE RUA

Em seu livro *Code of the Street* (1999), Anderson afirma que muitos jovens que lidam com a pobreza e o racismo têm uma sensação de alienação e desespero. Como resultado, eles desenvolveram um "código" de rua, que se baseia na violência como forma de ganhar respeito. Anderson chama a atenção para a difícil relação entre as famílias "de rua", que fazem uso do código, e as famílias "decentes", que trabalham duro e obedecem à lei.

Identidade

"O **homem negro** é tratado como um **estranho** perigoso até provar que é digno de **confiança**."

O GUETO

Em seu artigo de 2012 "The iconic ghetto", Anderson argumenta que muitos indivíduos racistas nos Estados Unidos consideram o gueto (uma área pobre do centro da cidade onde vivem pessoas de certa raça ou religião) um local onde vivem apenas negros. Eles associam o gueto, e as pessoas que moram lá, com pobreza, drogas e crime. Segundo Anderson, muitos brancos acreditam que os negros "pertencem" ao gueto e não aos bairros de classe média.

O MOMENTO GUETO

Anderson diz que, embora haja mais pessoas negras empregadas em profissões de classe média do que nunca, os negros instruídos e bem-sucedidos ainda são considerados por alguns como "a exceção e não a regra". Ele ressalta que os negros bem-sucedidos ainda passam por situações de racismo, conhecidas como "momentos gueto", em que eles são levados a sentir que não pertencem à sociedade branca de classe média.

Anderson teve seu próprio "momento gueto" em Cape Cod, quando um homem branco lhe disse: "Volte para casa!", ou seja, para o gueto.

Quem você AMA?

EMBORA A SOCIOLOGIA SEJA O ESTUDO DA SOCIEDADE, ELA TAMBÉM ESTÁ PREOCUPADA COM OS INDIVÍDUOS QUE FORMAM ESSA SOCIEDADE. A ESCOLHA DE PARCEIRO, POR EXEMPLO, QUE PODE PARECER UMA QUESTÃO TOTALMENTE PESSOAL, É, NA VERDADE, INFLUENCIADA PELA SOCIEDADE EM QUE VIVEMOS. A APROVAÇÃO OU NÃO DE NOSSA ESCOLHA PELA SOCIEDADE PODE FAZER COM QUE NOS SINTAMOS COMO PARTE DELA OU COMO *OUTSIDERS*.

Sociedade e sexualidade

Talvez soe estranho pensar que a sociedade pode ter impacto sobre algo tão íntimo e pessoal quanto a sexualidade. De fato, sentimentos de amor e desejo são respostas naturais desencadeadas quando alguém se sente romântica ou sexualmente atraído por outra pessoa, não? Mas os sociólogos diriam que a sexualidade e muitas outras respostas e sentimentos emocionais são fortemente influenciados pela sociedade em que a pessoa vive.

A sociedade pode influenciar o desejo humano de várias maneiras, entre elas indicar quais são os modos aceitáveis de começar a sair com alguém. Você manda flores ou simplesmente clica em "curtir" num aplicativo de

Veja também: 50-51, 126-127

> **→ Uma escolha pessoal?**
> Apaixonar-se parece ser a coisa mais pessoal do mundo, mas a aprovação ou não da sociedade pode influenciar até essa parte da nossa vida.

A SOCIEDADE DETERMINA POR QUEM NOS APAIXONAMOS?

Identidade

OS DIREITOS GAYS SÃO DIREITOS HUMANOS.
Hillary Clinton, política americana

Veja também: 32-33, 39, 143

namoro? A sociedade também pode estabelecer quais formas de sexualidade são consideradas aceitáveis no momento atual, como ser hétero ou gay. Ela tem influência até na expressão das emoções e na definição do que pode e deve ser dito. Por exemplo, o Dia dos Namorados, que é comemorado em muitos países do mundo, gera uma expectativa social de que as pessoas expressarão, nesse dia, seu amor e afeição por um parceiro, ou por alguém que espera ser seu parceiro.

Caixas e rótulos

A sexualidade não é uma entidade fixa sempre igual ao longo da história. Na Grécia e Roma Antiga, por exemplo, as pessoas tinham ideias bem diferentes sobre sexualidade. Não era incomum que homens tivessem relações com homens mais jovens ou escravos. Essa forma de atividade sexual não era entendida na época como gay. Na verdade, todo modo de pensar que procura pôr a sexualidade das pessoas em caixas com rótulos, como hétero, gay ou bissexual, é algo que faz parte da vida moderna. Essa ideia de que tudo precisa ser colocado em categorias remonta, em grande parte, ao Iluminismo do século XVIII. Em seu trabalho sobre a sexualidade humana, o filósofo e sociólogo francês Michel Foucault descobriu que a categoria "homossexual" só surgiu no século XIX. Foi nessa época que a atração pelo mesmo sexo começou a ser vista cada vez mais como algo ruim e errado. Uma das razões pelas quais a homofobia existe na sociedade é o que os sociólogos chamam de "heteronormatividade". Esse é o termo para a suposição de que a heterossexualidade é a norma. Por exemplo, quando alguém se refere a um parceiro, o outro geralmente pressupõe seja do sexo oposto. Isso costuma ser reforçado pela cultura e pela lei. Vale a pena lembrar que o direito de se casar com alguém do mesmo sexo só se tornou lei em muitos países no início deste século. No entanto, talvez a necessidade de separar as pessoas em caixas esteja gradualmente desaparecendo. Entre a geração dos *millennials* (nascidos na década de 1990 ou depois), as pessoas estão cada vez mais tranquilas em relação à sua sexualidade e às suas identidades sexuais. Essa mudança de atitude entre os jovens não significa que todas as sociedades se tornaram abertas e aceitam diferentes sexualidades. Em muitas partes do mundo, as pessoas que são atraídas pelo mesmo sexo ou são abertamente gays ou lésbicas ainda enfrentam a discriminação na forma de homofobia.

> Em 2009, Jóhanna Sigurðardóttir tornou-se primeira-ministra da Islândia e a primeira líder nacional abertamente lésbica.

ORGULHO DE SER GAY

O orgulho gay celebra a diversidade promovendo paradas em cidades de diversas partes do mundo. No início, as passeatas tinham um cunho mais político, desafiando a intolerância e a hostilidade. A primeira parada foi realizada em junho de 1970, em Chicago, marcando o aniversário de uma rebelião ocorrida do lado de fora do Stonewall Inn, um bar gay de Nova York, quando os clientes reagiram a um assédio policial.

IDADE e sociedade

ENVELHECER É UM FATO DA VIDA. NOSSO CORPO MUDA COM O PASSAR DO TEMPO, NOSSA PELE PERDE ELASTICIDADE, O CABELO AFINA E FICA GRISALHO E A ENERGIA DIMINUI. TODOS ENVELHECEM, MAS O SIGNIFICADO DE ENVELHECER E AS EXPERIÊNCIAS DE QUEM TEM MAIS IDADE DEPENDEM, EM GRANDE PARTE, DO TIPO DE SOCIEDADE EM QUE VIVEMOS.

Quantos anos é velho?

A expectativa de vida depende do lugar onde a pessoa nasce. Em alguns países, a expectativa de vida é muito baixa devido à guerra, à pobreza ou à extensão de doenças, como o HIV/AIDS. No Malawi, na África, por exemplo, a expectativa de vida é, em média, inferior a 44 anos, para homens e mulheres. No Japão, a média é de mais de 84 anos. A riqueza de um país não indica que seu povo viverá mais tempo. O nível de igualdade, ou seja, a diferença entre as pessoas mais pobres e as mais ricas numa sociedade, também é importante. Na Noruega, que tem uma sociedade mais igualitária, a expectativa de vida é de quase 82 anos, enquanto nos EUA, onde a sociedade é muito mais desigual, esse índice gira em torno de 79 anos. Em alguns países, a população está envelhecendo, de modo que a experiência dos idosos tem uma importância cada vez maior. Na Grã-Bretanha, os maiores de 65 anos superam os menores de dezesseis, e Japão e Brasil veem um grande aumento da população idosa.

Como a velhice é vista

O modo como diferentes sociedades enxergam a velhice também varia. Os sinais visíveis de envelhecimento foram interpretados de diversas maneiras pelas sociedades em diferentes épocas. Por exemplo, era socialmente desejável parecer mais maduro na Inglaterra vitoriana (1837-1901), e os rapazes tentavam parecer mais velhos cultivando barba assim que podiam. Atualmente, na América do Norte e na Europa, onde a juventude é muito valorizada, existe uma grande variedade de tecnologias, incluindo procedimentos médicos dolorosos, que podem ajudar as pessoas a manter uma aparência mais jovem. A socióloga cingapurense Angelique Chan observa que nas culturas malaias, em que a sabedoria religiosa é valorizada, os idosos desfrutam de um status social razoável. Contudo, em países como a China, que dão valor a quem ganha dinheiro, ser mais velho não é tão valorizado.

Tempos áureos?

O sociólogo britânico Paul Higgs se propôs a estudar o que significa ser

CORREDORES MAIS VELHOS

A pesquisa da socióloga francesa Emmanuelle Tulle sobre competidores mais velhos desafiou os estereótipos. Em seu trabalho com corredores na faixa dos quarenta, cinquenta e sessenta anos, Tulle descobriu que eles desenvolveram a vontade de correr ao longo de muitos anos. Apesar de serem mais velhos, sua motivação não era prevenir doenças, e tampouco queriam ser vistos como heróis da terceira idade, somente correr sem ser considerados tolos.

Identidade

De acordo com as Nações Unidas, até 2050, a população global de pessoas com mais de sessenta anos será de 2,1 bilhões.

Veja também: 39

mais velho em países ricos da Europa Ocidental e da América do Norte. Sua pesquisa o afastou de visões estereotipadas de que a velhice é um ponto de declínio na vida. Ele vê a idade avançada como "tempos áureos" para muitas pessoas mais velhas hoje em dia, uma época em que elas podem desenvolver atividades e concretizar sonhos para os quais não tiveram tempo quando eram mais jovens. No entanto, pode ser diferente para os jovens de hoje. A geração a que Higgs se refere cresceu num tempo de estabilidade econômica e social. Os jornalistas britânicos Ed Howker e Shiv Malik, em *Jilted Generation* (2013), e a socióloga americana Jennifer Silva, em seu livro *Coming Up Short: Working Class Adulthood in an Age of Uncertainty* (2013), argumentam que os jovens de hoje não têm a mesma segurança financeira para comprar uma casa, algo de que as gerações anteriores dispunham. Eles podem ser a primeira geração cujo padrão de vida será mais baixo do que o dos pais. Quando envelhecerem, suas vidas podem ser marcadas pela pobreza. Portanto, a visão sobre o que significa ser velho está evoluindo e depende de fatores econômicos e culturais.

A VELHICE PODE SER UMA ÉPOCA DE MAIS LIBERDADE

⌂ Coisas novas
A velhice pode ser um momento para explorar novos *hobbies* e realizar sonhos que foram deixados de lado durante os períodos de maior atribulação.

TALVEZ MEUS MELHORES ANOS JÁ TENHAM PASSADO. [...] MAS NÃO OS QUERO DE VOLTA. NÃO COM O FOGO QUE ARDE EM MIM AGORA.
SAMUEL BECKETT, DRAMATURGO IRLANDÊS

Quem sou eu?

O que significa FAMÍLIA?

A FAMÍLIA COSTUMA SER VISTA COMO O CONSTITUINTE BÁSICO DA SOCIEDADE. A EXPERIÊNCIA FAMILIAR DE UMA CRIANÇA MOLDA SUA VIDA INTEIRA, POR ISSO A FAMÍLIA DEVE SER UM LUGAR ESTÁVEL PARA ELAS APRENDEREM O COMPORTAMENTO E OS VALORES DA SOCIEDADE. NO ENTANTO, SUA IMAGEM ESTÁ EVOLUINDO, E AS FAMÍLIAS DE HOJE ASSUMEM MUITAS FORMAS DIFERENTES.

Veja também: 28-29

Valores de família

A família é considerada o coração da sociedade, um lugar seguro onde as crianças são criadas. Como tal, a família atua como um importante agente de socialização, o processo pelo qual as normas (o que é tido como o modo aceitável de se comportar) e os valores de uma sociedade são passados de uma geração para outra. Entretanto, a família também pode ter um lado negativo. Às vezes, pode ser um lugar de abuso e violência, e uma área em que os homens exercem seu controle sobre mulheres e filhos. Devido à importância e à complexidade da família, sociólogos se interessam em tentar entender a família e examinar como ela mudou ao longo do tempo.

Em 2015, houve 2,2 milhões de casamentos nos EUA e 800 mil divórcios.

Uma família perfeita

O sociólogo americano Talcott Parsons realizou um dos estudos sociológicos mais influentes da unidade familiar da década de 1950. Ele estava interessado no papel que a família desempenhava no funcionamento harmonioso da sociedade. Para ele, a família era um lugar em que as crianças aprendiam os valores de sua sociedade e em que as necessidades emocionais do adulto eram atendidas. Ele também achava que era melhor que o marido assumisse a função de ganhar dinheiro, enquanto a esposa permanecia em casa e cuidava das necessidades emocionais dos filhos. De muitas maneiras, o trabalho de Talcott reflete o tempo em que ele escrevia. A família americana da década de 1950 tinha uma imagem idealizada da vida familiar (o estereótipo de mãe e pai felizes, com dois filhos perfeitos). Na verdade, essa imagem de família "tradicional" nem sempre existiu. Nas sociedades industriais

SEM CULPADOS

A maioria dos divórcios atualmente é de divórcios "sem culpados", o que significa que nenhum dos parceiros é culpado pelo fim do casamento, uma situação que é melhor para ambas as partes e para os filhos. Antes, para se divorciar, um dos parceiros tinha que ter cometido adultério, sido violento ou estar sofrendo de insanidade.

Identidade

do século XIX, as pessoas mais pobres, incluindo crianças, trabalhavam por longas horas, o que significava que elas mal se viam, e temia-se que as famílias da classe trabalhadora deixassem de existir.

Diferentes formas de família

Mudanças na vida familiar dificultam a descrição de "família" como algo fixo. Talvez seja melhor usar o termo *famílias*, o que nos dá a ideia de que existem muitas formas diferentes de família nos dias de hoje. As famílias "mistas" ou "reconstituídas" são cada vez mais comuns. Esse tipo de família se estrutura quando os adultos estabelecem um novo relacionamento depois do término de um relacionamento anterior. Outras formas de família incluem relacionamentos entre pessoas do mesmo sexo, que podem ou não ter filhos. A tendência lenta, mas constante, de aceitar famílias de gays e lésbicas como parte da sociedade tradicional se segue à legalização do casamento entre pessoas do mesmo sexo e parcerias civis em muitos países europeus e estados americanos. Embora existam inúmeras maneiras diferentes de estabelecer relacionamentos íntimos, o que chama a atenção é que a maioria das pessoas ainda opta por algum tipo de relacionamento de longo prazo. Essas relações podem não durar "até que a morte nos separe", como no passado, mas as famílias parecem resistir como formas sociais.

NÃO EXISTE MAIS ESSA HISTÓRIA DE FAMÍLIA "TÍPICA", AS FAMÍLIAS AGORA ASSUMEM DIFERENTES FORMAS

Formas familiares ⊙
Os relacionamentos mudam, de modo que as crianças podem ser criadas por pais adotivos, pais solteiros ou pais do mesmo sexo.

Quem sou eu?

QUANDO A DISCIPLINA DA SOCIOLOGIA SE FORMAVA, NO INÍCIO DO SÉCULO XIX, "CLASSE" ERA UM DOS TÓPICOS MAIS DISCUTIDOS. O QUE SIGNIFICA CLASSE, COMO DEFINIMOS DIFERENTES CLASSES E SE ELAS AINDA EXISTEM SÃO ASSUNTOS DEBATIDOS ATÉ HOJE POR MUITOS SOCIÓLOGOS.

> A HISTÓRIA DE TODA SOCIEDADE EXISTENTE ATÉ HOJE É A HISTÓRIA DA LUTA DE CLASSES.
> KARL MARX

Classe média ativa
Embora as diferenças de classe possam ser menos claras hoje, o sistema de classes em si não desapareceu. Além de ter dinheiro, conhecer as pessoas certas e mostrar modos de classe média podem trazer muitos benefícios.

TODOS NÓS SONHAMOS COM UMA VIDA DE CLASSE MÉDIA?

Somos todos CLASSE

Diferentes visões de classe
Os primeiros sociólogos, Max Weber, Karl Marx e Émile Durkheim, escreveram sobre classes. Marx é bem conhecido por seus escritos sobre o assunto, que descrevem uma divisão entre a classe dominante, os donos de empresas interessados em lucros, e as pessoas que eles exploravam, a classe operária. Weber concordou com Marx quanto à existência de classes, mas também observou que as diferenças não eram apenas econômicas. Alguns empregos, como o de sacerdote, eram mal remunerados, mas tinham um status elevado. Outros empregos ofereciam pouca riqueza, mas, como conferia a alguém a condição de funcionário do Estado, traziam considerável poder. Para Durkheim, contudo, a alocação de pessoas em classes, com base em suas habilidades, era essencial para o bom andamento da sociedade.

Nos EUA, 48% das pessoas se definem como parte da classe operária.

Ainda existem classes?
Todos os três escreveram sobre a sociedade de meados do século XIX ao início do século XX. Na época, era mais fácil identificar diferenças de classe, pois havia divisões claras entre trabalhadores

Identidade

da classe operária, em meio à sujeira do chão de fábrica, e os trabalhadores de classe média, em escritórios limpos. Mas é fácil definir as classes hoje? Em 1996, o australiano Jan Pakulski e o britânico Malcolm Waters afirmaram, em *The Death of Class*, que as classes desapareceram na sociedade moderna. Eles argumentaram que a globalização, a redução da concentração de riqueza e o declínio das indústrias tradicionais tornaram o conceito de classe irrelevante. Segundo eles, hoje em dia as diferenças entre as classes sociais baseiam-se em status, e isso é indicado pela posse de bens de consumo.

Classe não é apenas dinheiro
A questão das classes parece ser mais resiliente do que Pakulski e Waters pensavam. Olhando para trás, de 1990 para cá, a desigualdade social aumentou (ver pp. 114-115), e dois grandes eventos em 2016, o referendo da União Europeia ("Brexit") no Reino Unido e a eleição presidencial nos EUA, parecem ter mostrado que a identidade e as questões de classe estão muito vivas. Ambos os resultados revelaram uma classe trabalhadora em crise de representatividade.

Veja também: 44-45, 100-101

MÉDIA agora?

AZUL OU BRANCO?
Os termos *colarinho-azul*, ou seja, alguém que é da classe trabalhadora, e *colarinho-branco*, ou seja, um trabalhador de escritório, de classe média, vêm da roupa tradicionalmente usada no local de trabalho. Os macacões azuis que os trabalhadores manuais usavam serviam para esconder sujeira ou graxa, enquanto os trabalhadores de escritório preferiam camisas brancas.

O sociólogo francês Pierre Bourdieu (1930-2002) afirmou que a questão das classes ainda era importante e explicou como as diferenças entre classes sociais persistem. Assim, as distinções de classe devem-se à combinação de três formas de capital. O primeiro é o capital econômico, ou quanto dinheiro alguém possui. O segundo é o capital social, as conexões que as pessoas têm com os recursos. O terceiro é o capital cultural, que está vinculado a saber como se comportar (por exemplo, como falar, que roupa usar) em determinadas situações. O debate continuará, mas parece que as identidades de classe não desapareceram.

Quem sou eu?

KARL MARX
1818-1883

Karl Marx nasceu em Trier, na Alemanha, filho de um advogado de sucesso. Estudou direito na Universidade de Berlim, embora estivesse mais interessado em história e filosofia. Em 1843, mudou-se para Paris, onde conheceu vários importantes socialistas, entre eles Friedrich Engels, com quem escreveu *O manifesto comunista*. Considerado um dos fundadores da sociologia, Marx também foi um influente economista, filósofo e historiador, cujos escritos inspiraram movimentos políticos no mundo todo.

A BUSCA DO LUCRO

A obra mais famosa de Marx, *O capital*, examina a natureza e o desenvolvimento das sociedades capitalistas. O primeiro volume foi publicado em 1867; e os outros dois após sua morte. Nesta obra, Marx argumenta que os trabalhadores são explorados numa sociedade capitalista, e que o trabalho humano se tornou uma "mercadoria". Segundo ele, é a busca incessante de lucro e riqueza que define o capitalismo como um sistema social.

CONFLITO DE CLASSES

Marx afirmou que uma sociedade capitalista podia ser dividida em duas classes distintas: a trabalhadora (proletariado) e a dominante (burguesia). Segundo ele, as classes dominantes, às quais pertenciam os empresários, exploravam as classes trabalhadoras, que eram forçadas a vender suas habilidades e força de trabalho para sobreviver. Marx acreditava que o conflito entre as duas classes era inevitável e que os trabalhadores acabariam por derrubar o sistema capitalista e, por fim, estabelecer o comunismo.

Identidade

> "Os **filósofos** apenas **interpretaram** o mundo de várias maneiras. O **importante**, contudo, é **transformá-lo**."

Marx passou a maior parte de sua vida na pobreza, contando com o apoio de Friedrich Engels, cuja família fez fortuna na indústria têxtil.

UMA VIDA NO EXÍLIO

Tendo sido forçado a deixar a Alemanha em 1843 por causa de suas visões radicais, Marx passou o resto da vida no exílio, mudando-se primeiro para Paris e depois para Bruxelas. Ele foi expulso da Bélgica logo após a publicação de *O manifesto comunista*, em 1848. Em 1849, ele e sua família se mudaram para Londres, onde ele escreveu *O capital*. Após a morte de sua esposa, em 1881, sua saúde se deteriorou. Marx morreu em 1883 e está enterrado no cemitério de Highgate, em Londres.

UM SENTIMENTO DE ALIENAÇÃO

Ao longo de seu trabalho, Marx estava preocupado com os custos emocionais e físicos de se viver numa sociedade capitalista. Ele acreditava que muitas pessoas experimentavam "alienação" — uma sensação de estar insatisfeito na vida e desconectado dos outros —, e que esse sentimento era especialmente comum no local de trabalho, onde as pessoas sentiam que não tinham controle sobre suas condições trabalhistas ou sobre os bens que produziam.

Quem sou eu?

Identidade NA PRÁTICA

UMA ANÁLISE DE CLASSES

Em 1867, Karl Marx publica o primeiro volume de sua obra mais conhecida, *O capital*. Nela, descreve como o sistema do capitalismo cria diferentes classes sociais na sociedade. Os donos de fábricas eram conhecidos como a burguesia, e aqueles que trabalhavam nelas, o proletariado. Houve muitos outros estudos de classe desde então.

IDENTIDADE DE GÊNERO

Uma das primeiras obras feministas foi a da acadêmica britânica Mary Wollstonecraft, *Reivindicação dos direitos da mulher*. Nesta obra, ela argumenta que as mulheres devem receber educação. O clássico feminista da filósofa francesa Simone de Beauvoir, *O segundo sexo* (1949), questiona a noção de diferença natural entre os sexos.

IDENTIDADE NEGRA

W. E. B. Du Bois publica *As almas da gente negra* em 1903. Ele critica fortemente a marginalização e a tentativa de enfraquecimento da cultura e da identidade dos negros norte-americanos. Seu trabalho faz parte de uma série de acontecimentos nos Estados Unidos que levaram a uma maior igualdade para os afro-americanos.

INFÂNCIA

A noção de infância como uma época especial e inocente da vida é uma construção social recente. O livro *Centuries of Childhood*, do historiador francês Phillipe Ariès, foi publicado em inglês em 1962 e explica que a infância que conhecemos não existia até o século XIX. Antes disso, as pessoas ou eram bebês, ou eram adultos.

Identidade

VIVENDO MAIS TEMPO

Em 2015, as Nações Unidas observaram que o número de pessoas idosas está crescendo de maneira constante. Até 2050, calcula-se que haverá 2,1 bilhões de idosos, com sessenta anos ou mais, uma população que em 2015 já alcançava os 901 milhões. O significado da velhice está mudando, e as pessoas da terceira idade estão se tornando cada vez mais centrais.

INTERSECCIONALIDADE

A identidade não é composta apenas de um fator, como classe ou gênero. Quem somos resulta da combinação de vários aspectos. A socióloga americana bell hooks, na década de 1980, escreveu sobre o que ela chamou de "interseccionalidade", baseada em suas experiências como mulher afro-americana.

A sociologia pode nos dizer muito sobre como a identidade das pessoas é formada. Existem aspectos de nossa identidade que podemos escolher e outros sobre os quais a sociedade em que vivemos exerce grande influência. Questões centrais incluem classe social, gênero, sexualidade, raça e, como vivemos cada vez mais, idade.

SUBCULTURAS

Em *Resistance Through Rituals*, organizado por Stuart Hall e Tony Jefferson e publicado em 1975, os autores observam o que os jovens estão tentando comunicar por meio de subculturas baseadas na música. O livro aborda subculturas da época, como a dos mods, skinheads e rude boys.

ASCENSÃO DOS DIREITOS GAYS

O movimento dos direitos gays remonta aos eventos em Greenwich Village, Nova York, em 1969. O Stonewall Inn era um bar popular para gays e lésbicas numa época em que ser homossexual era ilegal e culturalmente inaceitável. Uma noite, durante uma batida policial, as pessoas reagiram. Esse foi o ponto de partida para a libertação gay.

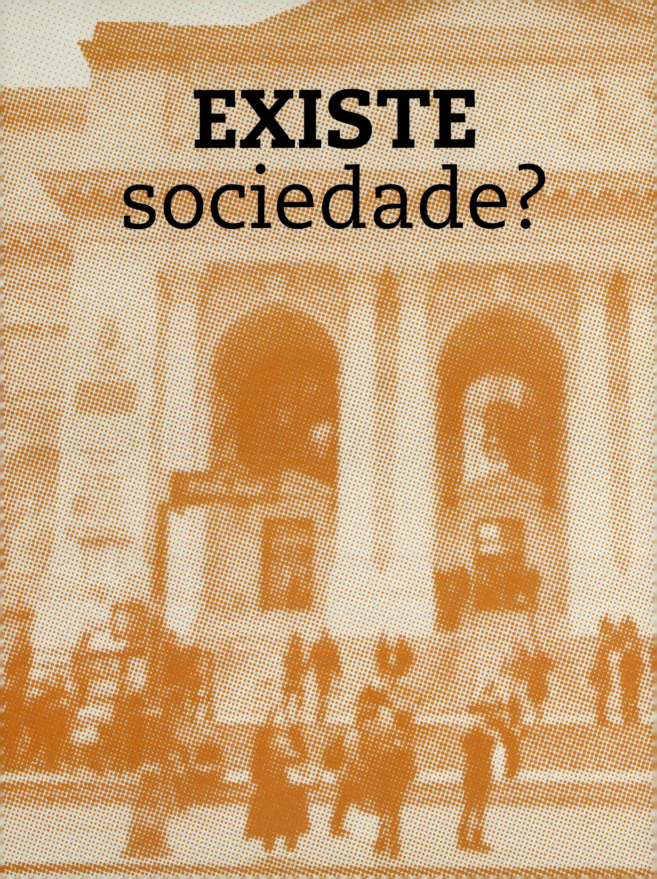

O que as escolas ENSINAM?

As INSTITUIÇÕES são uma coisa boa?

Quem detém o PODER?

Qual é o papel da RELIGIÃO na sociedade?

A RELIGIÃO ainda IMPORTA?

Vida RURAL versus vida URBANA

Um senso de COMUNIDADE

Por que nós TRABALHAMOS?

COMO o trabalho está MUDANDO?

VIGIANDO os trabalhadores

Todas as sociedades precisam de instituições, como a lei, as comunidades, os negócios e a religião, para ajudá-las a funcionar de modo mais harmonioso. Essas são as bases sobre as quais nossa sociedade é construída. Outras instituições, como a família e a educação, ajudam a preparar as pessoas para fazer parte da sociedade. Como essas estruturas sociais nos afetam e como elas estão mudando são um assunto de grande interesse para os sociólogos.

Existe sociedade?

O que as escolas ENSINAM?

OS ALUNOS APRENDEM SÓ O QUE ESTÁ NO CURRÍCULO ESCOLAR? SOCIÓLOGOS TÊM DIFERENTES IDEIAS SOBRE O QUE OS JOVENS VIVENCIAM EM SALA DE AULA. O PROPÓSITO DA EDUCAÇÃO É NOS ENCHER DE INFORMAÇÕES ÚTEIS, PROPICIAR O CONTATO SOCIAL OU APENAS NOS PREPARAR PARA O MERCADO DE TRABALHO?

> Em 2015, pesquisadores da Universidade de Oxford recomendaram que o dia de aula se inicie às dez horas da manhã, para permitir aos jovens dormir um pouco mais.

Entendendo a educação

Em muitos países, os jovens estudam em período integral dos cinco aos dezesseis anos, ou mais caso prossigam os estudos em uma faculdade ou universidade. Tanto os alunos quanto os pais costumam ver a educação como uma fase da vida em que os jovens adquirem conhecimento e habilidades que lhes permitem descobrir o que lhes interessa e encontrar um emprego. Mas os sociólogos têm visões mais complexas sobre a educação.

O currículo oculto

Em *Schooling in Capitalist America* (1976), os sociólogos americanos Samuel Bowles e Herbert Gintis sugerem que, embora a educação, de fato, forneça conhecimento e habilidades, ela também tem um papel na manutenção da ordem social existente. A educação habitua os jovens a aceitar certos comportamentos e restrições; em outras palavras, condiciona-os a fazer o que lhes é dito. Nesta obra, Bowles e Gintis explicam o que

Da sala de aula ao ambiente de trabalho
Para muitos jovens, o trabalho pode não parecer tão diferente da escola. Horários, rotina e figuras de autoridade são comuns a ambos.

A ROTINA DA ESCOLA NOS PREPARA PARA O LOCAL DE TRABALHO?

Instituições sociais

chamaram de "currículo oculto", que não tem nada a ver com o programa formal de estudos que todo estudante conhece, com disciplinas como matemática, ciências e idiomas, mas com regras, punições e recompensas para ensinar os alunos a acatar normas como pontualidade, códigos de vestimenta e obediência a instruções de autoridades. Os autores afirmam que existe um paralelo entre o modo como a escola é organizada e o modo como o trabalho é organizado. No que chamaram de "teoria da correspondência", eles veem uma semelhança entre o poder dos professores e o de um gerente no ambiente de trabalho, entre a rotina da escola e a rotina de oito horas de expediente do local de trabalho. Nem estudantes nem trabalhadores têm muito controle sobre o que fazem.

Ganhar e perder

O sociólogo francês Pierre Bourdieu, em sua análise sobre a educação nas décadas de 1980 e 1990, disse que as escolas são importantes como lugares onde as pessoas estabelecem contatos úteis e se unem a redes sociais, ganhando o que ele chamava de "capital social". Segundo ele, os alunos também adquirem "capital cultural", o que significa que aprendem a se comportar na sociedade. No entanto, capital social e capital cultural variam de acordo com a classe social e funcionam como um meio de manter as distinções de classe. Bourdieu observou que capitais proporcionados por escolas caras ajudam ricos a permanecer ricos, mas excluem os alunos pobres. Com base em Bourdieu, o cientista social americano Garth Stahl analisou a educação de meninos brancos da classe trabalhadora na Inglaterra. Sua pesquisa, publicada em 2015, revelou que as escolas modernas que fizeram parte de seu estudo concentravam-se na ambição individual e na competitividade. Muitos meninos da classe trabalhadora se sentiam pouco à vontade com esses ideais, identificando-se, antes, como um grupo em que a igualdade importava mais do que se destacar. Como consequência, os alunos se sentiam desvalorizados e alheios à cultura escolar. Stahl acredita que é por isso que os meninos da classe trabalhadora geralmente não têm bons resultados na escola. Em vários aspectos, a educação é uma preparação para a sociedade adulta e para o mundo do trabalho. Parece que muito do que aprendemos não faz parte de um cronograma formal de ensino.

Veja também: 100-101

A EDUCAÇÃO NÃO É SÓ PARA ENSINAR A TRABALHAR, MAS A VIVER.
W. E. B. DU BOIS, SOCIÓLOGO AMERICANO

As **INSTITUIÇÕES** são uma coisa boa?

A SOCIEDADE NÃO É RESULTADO APENAS DAS AÇÕES ALEATÓRIAS DOS INDIVÍDUOS AVANÇANDO NA VIDA DE DIFERENTES FORMAS. NA VERDADE, NOSSA VIDA TEM UMA ESTRUTURA, E A SOCIEDADE EM QUE ESTAMOS INSERIDOS TEM UMA ORDEM. A EXPLICAÇÃO ESTÁ NAS INSTITUIÇÕES, OU CONSTITUINTES BÁSICOS DA SOCIEDADE, COMO A EDUCAÇÃO, A RELIGIÃO, A FAMÍLIA E A LEI.

Veja também: 32-33

Precisamos de estrutura

Os sociólogos observaram que a sociedade tem uma variedade de estruturas ou "instituições" que conferem padrão e forma à vida das pessoas. Na sociologia, uma instituição não significa necessariamente um edifício, mas maneiras de fazer as coisas, as quais são governadas por um conjunto de regras (ou "normas" e "valores", em linguagem sociológica). Essas regras podem ser oficiais, ou seja, estabelecidas por uma organização (a igreja, o local de trabalho ou o governo, por exemplo), ou informais, criadas pelos indivíduos. Não importa realmente se são oficiais ou não, desde que as pessoas concordem com elas e se atenham a elas. Desse modo, a vida assume algum tipo de forma e apresenta uma ordem significativa. Sem elas, tudo desmoronaria, e as pessoas teriam dificuldade de saber o que fazer ou como se comportar.

Os alicerces da sociedade

As instituições sociais fornecem a estabilidade e a estrutura necessárias para tornar a sociedade possível. Elas são os alicerces e os constituintes básicos da sociedade. Em *A construção social da realidade* (1966), os sociólogos austríacos Peter Berger e Thomas Luckmann observaram que as instituições desempenhavam um papel fundamental na manutenção da sociedade. Eles argumentam que, com frequência, não valorizamos devidamente as instituições, às vezes nem sequer as notamos, mas elas têm uma função vital no formato da

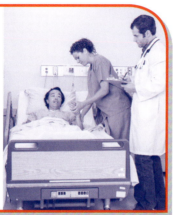

PARTE DA INSTITUIÇÃO

Em seu livro *Manicômios, prisões e conventos* (1961), o sociólogo americano Erving Goffman investigou a questão da "institucionalização". Isso se aplicava a pessoas em prisões, hospitais de longa permanência ou sanatórios, situações em que a instituição se torna tão dominante em sua vida que elas não conseguem comer, dormir, se vestir ou se divertir sem a rotina estabelecida pela instituição.

Instituições sociais

sociedade em que vivemos. As instituições também afetam a identidade das pessoas, moldando seu modo de pensar e agir.

Estrutra de desigualade?

As instituições mais comuns em todas as sociedades são educação, religião, família, casamento, governo, cultura e negócios. Embora os sociólogos concordem que elas desempenham um papel essencial na manutenção da ordem social, eles entendem que as instituições afetam diferentes grupos de diferentes maneiras. Alguns sociólogos de base marxista, feminista ou antirracista veem as instituições como formas de manter a exploração e a opressão. Por exemplo, uma feminista pode apontar as instituições empresariais como apoiadoras da posição privilegiada dos homens, o que se observa pelo baixo número de mulheres na alta administração e pelo fato de as mulheres terem empregos com salários mais baixos.

> Nos EUA, apenas 4,4% das quinhentas maiores empresas têm mulheres no cargo de CEO. No Reino Unido, há sete mulheres CEOS nas cem principais empresas.

> **NÃO HÁ NINGUÉM QUE VEJA O MUNDO COM UMA VISÃO PURA DE PRECONCEITOS. VÊ-O, SIM, COM O ESPÍRITO CONDICIONADO POR UM CONJUNTO DEFINIDO DE COSTUMES [...] E INSTITUIÇÕES.**
> RUTH BENEDICT, ANTROPÓLOGA AMERICANA

Outros veriam as instituições como dispositivos essenciais que mantêm nossa sociedade coesa e nos proporcionam regras para viver. Sem elas, argumentam, haveria caos e confusão. Durante as eleições presidenciais americanas de 2016, o republicano Donald Trump e o democrata Bernie Sanders declararam que as instituições políticas e econômicas dos Estados Unidos não estavam funcionando. Vindo de posições políticas bem diferentes e oferecendo soluções distintas, cada um afirmou que as instituições inclinavam-se a manter a riqueza da elite, decepcionando a maioria das pessoas comuns.

Veja também: 50-51, 76-77

CHARLES WRIGHT MILLS

1916-1962

Nascido no Texas, Estados Unidos, Charles Wright Mills foi um pensador social extremamente influente. Ele estudou sociologia na Universidade do Texas e foi professor de sociologia na Universidade Columbia até falecer, vítima de um ataque cardíaco, aos 45 anos. Influenciado pelas ideias de Max Weber, acreditava que a sociologia deveria ser usada para provocar mudanças sociais. Wright Mills é mais conhecido por seu trabalho sobre desigualdade social, estrutura de classes e a natureza do poder.

A NOVA CLASSE MÉDIA

Wright Mills estava particularmente interessado na natureza mutável das classes médias nos Estados Unidos. Em seu livro *A nova classe média*, publicado em 1951, ele afirma que os trabalhadores "de colarinho-branco", que são os trabalhadores empregados em escritórios, não têm mais contato com valores tradicionais, como o orgulho pela destreza manual. Enquanto desfrutam dos benefícios proporcionados pelos seus empregos, os indivíduos de classe média têm pouco controle sobre sua vida e perdem o interesse por questões políticas e sociais.

OS POUCOS PODEROSOS

Em seu livro *A elite do poder*, publicado em 1956, Wright Mills analisa como uma pequena minoria de líderes políticos, empresariais e militares — a elite do poder — domina a sociedade americana. Segundo ele, as pessoas comuns na "sociedade de massa" não sabem que apenas um pequeno número de indivíduos é responsável pelas decisões que afetam sua vida cotidiana.

Instituições sociais

Em 1960, Wright Mills foi a Cuba para se informar sobre a Revolução Cubana e entrevistou o líder revolucionário Fidel Castro.

IMAGINAÇÃO SOCIOLÓGICA

Em *A imaginação sociológica*, publicado em 1959, Wright Mills explora como os problemas privados de um indivíduo estão ligados a questões sociais mais amplas. Quando um trabalhador é demitido, o problema é particular, ou seja, afeta o indivíduo que ficou desempregado. No entanto, a decisão de uma empresa de cortar pessoal é geralmente baseada em desenvolvimentos sociais e econômicos mais amplos, como o aumento de impostos ou o custo de matérias-primas.

> "Nem a **vida** de um indivíduo nem a **história** de uma sociedade podem ser **entendidas** sem que **ambas** sejam entendidas."

UMA CARTA DE ESPERANÇA

Wright Mills acreditava que os sociólogos deveriam usar seus conhecimentos para mudar e melhorar a sociedade. Suas ideias influenciaram vários movimentos sociais nos Estados Unidos durante a década de 1960. Em 1960, ele escreveu uma carta aberta ao movimento político conhecido como Nova Esquerda, que preparou o caminho para mudanças mais amplas na lei em questões como direitos gays, aborto e igualdade de gênero.

Existe sociedade?

Quem detém o **PODER?**

PODER É A CAPACIDADE DE INFLUENCIAR, CONTROLAR OU MANIPULAR OUTRAS PESSOAS. OS SOCIÓLOGOS ESTÃO INTERESSADOS EM QUEM TEM PODER, POR QUE E COMO O UTILIZA. O PODER PODE SER EXERCIDO NO LOCAL DE TRABALHO OU EM CASA, ASSIM COMO DE MUITAS OUTRAS MANEIRAS SUTIS NA SOCIEDADE.

Veja também: 18-19, 36-37

O poder do emprego

Um dos fundadores da ciência social, Karl Marx viu que o poder era mantido por uma pequena elite não eleita na sociedade. Eles detinham esse poder porque, em suas palavras, detinham os "meios de produção", ou seja, os negócios. Hoje, essa elite é formada pelos donos de grandes empresas e pelos diretores executivos (CEOs). Essa classe empresarial é uma força influente na sociedade porque tem o poder de oferecer empregos ou tirá-los, e sem emprego é difícil sobreviver. As pessoas têm dificuldade de pagar o aluguel ou a hipoteca, socializar com amigos e familiares, e podem se sentir muito infelizes. Marx observou que os indivíduos comuns, os trabalhadores, também têm um grande poder, só que não sabem disso. Segundo ele, se os trabalhadores se unissem, poderiam resistir ao poder dos capitalistas. É assim que os sindicatos funcionam. Ao unir forças e ter a opção de entrar em greve, se necessário, os trabalhadores podem desafiar o poder dos empregadores de estabelecer baixos salários e oferecer condições de trabalho insatisfatórias.

O poder dos homens sobre as mulheres

Numa esfera diferente da sociedade, a feminista britânica Sylvia Walby, em seu influente livro *Theorizing Patriarchy* (1990), destacou seis aspectos que mostram como homens exercem poder sobre mulheres. Primeiro, porque mulheres fazem a maioria das tarefas domésticas cotidianas. Segundo, no ambiente de trabalho, onde as mulheres tendem a ocupar a maioria dos empregos de baixo status e remuneração. Terceiro, pelo Estado, que promulga leis e institui políticas em benefício dos homens. Quarto, pela violência masculina, com os homens usando seu poder para intimidar física e psicologicamente as mulheres. Quinto, pelo controle sobre a sexualidade; homens heterossexuais têm prioridade sobre outras pessoas. Finalmente, em sexto, pela cultura, em que os interesses masculinos se sobrepõem na maioria das áreas. Um exemplo é a área esportiva, em que os esportes praticados por homens dominam a mídia.

> Há somente duas mulheres na lista das dez pessoas mais poderosas do mundo.

Disposições de poder

O sociólogo e filósofo Michel Foucault estava interessado em como o poder é usado, sobretudo na vida diária das pessoas. Ele argumenta que, na sociedade moderna, as pessoas são controladas pela maneira como o espaço e o tempo são organizados, o que faz com que os corpos e as mentes obedeçam às ideias dominantes. Pense em como uma sala de aula é organizada: o modo como as

ONDE HÁ PODER, HÁ RESISTÊNCIA.
MICHEL FOUCAULT, FILÓSOFO E SOCIÓLOGO FRANCÊS

Instituições sociais

QUANTO CONTROLE VOCÊ REALMENTE TEM SOBRE SUA VIDA?

Quem está no comando?
Mesmo em nossa própria casa, não podemos fazer somente o que queremos. Devemos respeitar as leis de nosso país e as regras de nossa sociedade, como não deixar as crianças desacompanhadas.

Veja também: 100-101

cadeiras e as mesas são dispostas cria uma relação de poder, em que o professor pode supervisionar o que os alunos estão fazendo e regular quem faz o que e quando. Há também um cronograma rigoroso que determina quando e onde os estudantes devem estar. No entanto, Foucault também ficou famoso por observar que onde há poder, há resistência. As pessoas nem sempre concordarão com o que lhes dizem para fazer ou como lhes dizem para se comportar. Elas podem sair às ruas para protestar ou mesmo para promover uma rebelião.

O MAIS PODEROSO DO MUNDO
O presidente russo, Vladimir Putin, liderou por quatro anos consecutivos a lista da *Forbes* com as pessoas mais poderosas do mundo. Suas ações têm um impacto sobre os indivíduos não apenas na Rússia, mas no mundo todo. A carreira de Putin começou em 1975, quando se uniu à KGB (o antigo serviço secreto soviético), e ele se tornou presidente em 2000. Putin apresenta uma imagem masculina dura, fisicamente forte, bem estereotipada.

Existe sociedade?

Qual é o papel da **RELIGIÃO** na sociedade?

SOCIÓLOGOS NÃO ESTÃO NECESSARIAMENTE INTERESSADOS EM SABER SE UM SER DIVINO EXISTE. NA VERDADE, A ÊNFASE DA SOCIOLOGIA ESTÁ EM IDENTIFICAR COMO AS RELIGIÕES SE RELACIONAM COM A SOCIEDADE, COMO A MOLDAM E SÃO MOLDADAS POR ELA.

A religião é um cimento social

Dois dos fundadores da sociologia, Durkheim (ver pp. 74-75) e Marx (ver pp. 36-37), oferecem interpretações distintas a respeito do lugar da religião na sociedade. Ambos escreveram em épocas de grande agitação social no século XIX e início do século XX, refletindo sobre o propósito da religião e a razão por que mantinha sua presença em meio a todas as mudanças. Em seu estudo das religiões, Émile Durkheim sempre sustentou que há diversas religiões, como o budismo e o jainismo, que não estão centradas em um ou mais seres divinos, mas enfatizam certos comportamentos. Para Durkheim, a religião funciona como uma espécie de cimento social, mantendo a coesão social e unindo as pessoas, ao compartilhar e afirmar crenças, valores e normas de uma sociedade.

Veja também: 44-45

> A ÚNICA MANEIRA DE **VIVER** **ACEITÁVEL PARA DEUS** [...] ESTÁ [...] NO CUMPRIMENTO DAS **TAREFAS MUNDANAS.**
>
> MAX WEBER, SOCIÓLOGO ALEMÃO

O Hartford Institute for Religion Research detectou que mais de 40% dos americanos dizem ir à igreja, mas menos de 20% realmente vão.

Parte de algo maior

Durkheim explicou que objetos e rituais sagrados associados às religiões mantêm suas qualidades especiais porque foram imbuídos de significado pela sociedade. Eles não possuem poderes intrínsecos ou ligação independente com um ser divino. Então, quando as pessoas estão envolvidas em atos de adoração religiosa, não estão realmente adorando um ser divino, mas cultuando os valores de sua própria sociedade. O ato de adoração é importante porque propicia aquilo a que Durkheim se refere como "efervescência emocional", o que ajuda os indivíduos a sentirem que pertencem a algo maior do que elas

Instituições sociais

> COMPARTILHAR UMA CRENÇA COM OUTROS UNE A COMUNIDADE. OS RITUAIS SERVEM SOMENTE PARA FORTALECER AS CONEXÕES COM OUTROS, MAS NÃO TÊM PODERES ESPECIAIS INTRÍNSECOS.

Veja também: 52-53, 75

A RELIGIÃO OFERECE CONFORTO NUM MUNDO INCERTO

mesmas. Durkheim reconheceu que as pessoas não são simples máquinas racionais, necessitando de atividades e momentos na vida para se conectar emocionalmente com os outros à sua volta.

A religião é um analgésico

Karl Marx apresentou uma perspectiva diferente. Para ele, a religião fornece um meio de lidar com a dor e o sofrimento criados pela permanência em uma sociedade capitalista alienante e exploradora. A ideia cristã é que os problemas que o indivíduo está enfrentando no presente serão amenizados em algum momento do futuro. Essa noção de conforto é a base para a famosa (e mal interpretada) observação de Marx de que "a religião é o ópio do povo". Ele não quis dizer que as pessoas eram viciadas em religião. Em sua época, meados do século XIX, o ópio era usado como um analgésico e uma droga que ajudava as pessoas a lidar com os sofrimentos da vida. Se estivesse escrevendo hoje, Marx poderia ter dito que "a religião é o Prozac das massas", já que o Prozac é uma medicação que ajuda na depressão. Segundo ele, a religião é uma solução ilusória para os problemas da humanidade. A verdadeira mudança está em transformar radicalmente o mundo atual em vez de esperar pela salvação numa vida após a morte que não existe. Embora Durkheim e Marx tenham escrito há bastante tempo, suas ideias ainda são relevantes. A religião e os rituais proporcionam alguma forma de estrutura à vida de muitas pessoas, dando-lhes a oportunidade de se sentirem parte de algo. A religião também pode oferecer uma sensação de segurança e esperança para o futuro, num mundo difícil e incerto.

A ÉTICA PROTESTANTE DO TRABALHO

Lutero sugeriu que trabalhar duro e ganhar a vida eram um meio de cumprir nossos deveres para com Deus. Essa ideia se tornou parte do sistema de crenças dos protestantes e é descrita por Weber em *A ética protestante e o espírito do capitalismo*. Weber via essa "ética do trabalho" espiritual como a força motriz para construir a riqueza por trás das economias capitalistas modernas.

A RELIGIÃO ainda

> Há cerca de 488 milhões de seguidores do budismo no mundo todo. Às vezes, ele é chamado de filosofia e não de religião.

UMA GRANDE QUESTÃO ENFRENTADA PELOS SOCIÓLOGOS HOJE É SABER SE A RELIGIÃO ESTÁ OU NÃO EM DECLÍNIO. ESTAMOS NOS TORNANDO UMA SOCIEDADE SECULAR, NÃO RELIGIOSA? EM CASO POSITIVO, SERÁ UMA GRANDE MUDANÇA NO MODO COMO AS PESSOAS VEEM A SOCIEDADE E SEU LUGAR NELA, E COMO ABORDAM AS QUESTÕES MAIS PROFUNDAS SOBRE O SIGNIFICADO DA VIDA.

A ciência substitui a religião

Os sociólogos estão interessados em qualquer mudança na sociedade, e isso inclui a secularização, processo pelo qual uma sociedade se torna menos religiosa e as pessoas começam a ser menos apegadas às ideias de religião. O começo do declínio da religião na Europa pode ser atribuído a um período da história chamado Iluminismo. Durante esse tempo, o século XVIII, grandes inovações intelectuais e científicas ocorreram na Europa. O Iluminismo desafiava as crenças religiosas que haviam sido o modo dominante de entender o mundo. Em vez de recorrer à Bíblia para explicar todos os aspectos da vida, as explicações agora vinham do estudo da ciência. Essa mudança minou a autoridade da Igreja e deu início ao processo de questionamento da existência de Deus.

Você vai à igreja?

Max Weber, Karl Marx e Émile Durkheim diziam que estávamos nos movendo em direção a uma sociedade secular. Essa ideia parece ser respaldada pelas estatísticas atuais que medem a frequência à igreja. Por exemplo, a Igreja da Inglaterra publicou estatísticas em 2016 mostrando que a frequência à igreja naquele momento era metade da registrada na década de 1960, e o comparecimento aos cultos de domingo estava abaixo de 1 milhão de pessoas — menos de 2% da população.

MUITOS AINDA TÊM SENTIMENTOS RELIGIOSOS...

EMBORA CADA VEZ MENOS PESSOAS FREQUENTEM A IGREJA

Instituições sociais

IMPORTA?

Nos EUA, uma pesquisa do instituto Gallup realizada em 2013 revelou que 37% da população do país frequentava a igreja, embora esse número seja discutível, já que as pessoas costumam dizer que frequentam mais do que realmente o fazem. Em toda a Europa Ocidental e na América do Norte, a tendência a uma sociedade mais secular e a um declínio na frequência à igreja parece ser bastante conclusiva. No entanto, as pessoas não frequentarem a igreja não significa que a religião esteja desaparecendo. Enquanto alguns se declaram ateus, outros dizem ser agnósticos, o que significa que eles não têm tanta certeza. Além disso, as pessoas podem ter sentimentos espirituais, como a crença de que existe algum poder maior do que elas. Esse sentimento pode não ser focado em Deus e ser expresso em termos de crenças alternativas, como a espiritualidade. Ou seja, as pessoas podem se afastar da religião tradicional, mas isso não quer dizer que não preservem sentimentos religiosos. Ademais, outras religiões ao redor do mundo estão indo muito bem. O islã é a segunda maior religião do mundo e ganha novos adeptos em diversos países.

◐ **A chama ainda queima**
Embora a frequência à igreja tenha diminuído, o cristianismo e outras crenças resistiram. Há também pessoas que preferem não pertencer a nenhuma fé em particular, mas ainda acreditam num poder maior.

"IGREJA" SECULAR
A Assembleia de Domingo se reúne em cidades ao redor do mundo. Pode parecer uma reunião normal de igreja — alguém na frente liderando a reunião e as pessoas, de pé, cantando músicas —, mas existem algumas diferenças cruciais. Trata-se de uma congregação secular, com canções pop, os sermões são conversas sobre questões sociais e, o principal, o encontro não é religioso.

Crença de "nível inferior"
O sociólogo australiano Bryan Turner, em seu estudo *Religion and Modern Society* (2011), deixou de lado a questão do desaparecimento ou não da religião na sociedade para analisar como ela é vivenciada hoje em dia. Ele se refere a uma "religião de nível inferior", querendo dizer que ela ainda está presente na vida das pessoas, mas não como no passado, quando envolvia frequência regular à igreja, eventos sociais e orientação de líderes religiosos. A religião continua sendo uma parte significativa da vida para alguns, mas, para muitos, existe como uma experiência privada mais informal.

Veja também: 59, 68

> **A RELIGIÃO É O SUSPIRO DA CRIATURA OPRIMIDA, O ÂNIMO DE UM MUNDO SEM CORAÇÃO, [...] O ÓPIO DO POVO.**
> **KARL MARX**

Vida **RURAL** *versus*

O MUNDO ATINGIU UM MARCO HISTÓRICO EM 2008. PELA PRIMEIRA VEZ, MAIS PESSOAS VIVEM EM ÁREAS URBANAS DO QUE EM ÁREAS RURAIS. ESSE RESULTADO DEVE-SE A VÁRIAS MUDANÇAS, EM RITMOS VARIADOS, EM DIFERENTES PARTES DO MUNDO.

> **A CIDADE É UM ESTADO DE ESPÍRITO...**
> ROBERT E. PARK, SOCIÓLOGO AMERICANO

Mudança para as cidades

Na Europa, a Revolução Industrial do século XIX causou transformações na sociedade à medida que novas fábricas de têxteis incentivavam pessoas a se deslocarem do campo para áreas urbanas a fim de encontrar trabalho. Cidades como Manchester, na Inglaterra, um dos principais centros dessa Revolução, viram sua população triplicar entre 1811 e 1851, passando de pouco mais de 100 mil para 300 mil habitantes. Em outras partes do mundo, o processo de urbanização aconteceu mais recentemente, porém de modo muito mais rápido. A população de Lagos, na Nigéria, por exemplo, aumentou de 1,4 milhão em 1971 para 21 milhões em 2016. A mudança populacional durante a Revolução Industrial atraiu a atenção do sociólogo alemão Ferdinand Tönnies. Escrevendo no final do século XIX, ele especulou que a malha da sociedade se transformaria consideravelmente, se não se desfizesse por completo, com esse movimento para a vida urbana.

Tóquio é classificada como a maior cidade do mundo em área, população e densidade.

Gemeinschaft e Gesellschaft

Tönnies apresenta dois conceitos que podem ser usados para explicar as diferenças entre a vida rural e a vida urbana. O primeiro é *Gemeinschaft*, geralmente traduzido como "comunidade", mas que, em alemão, indica laços humanos profundos, empatia e valores compartilhados. Em contraponto, temos *Gesellschaft*. A tradução "associação" não capta fielmente o significado original, funcional e anônimo de interagir com as pessoas. Mas, se você pensar em como as pessoas evitam o contato por trás de livros, jornais ou telefones celulares, terá uma ideia do significado do conceito. No passado, muitas vezes se supunha que só era possível encontrar comunidades, ou *Gemeinschaft*, em locais rurais, onde as pessoas viviam em pequenas aldeias, não em cidades grandes e impessoais. No entanto, a pesquisa provou que isso é incorreto. Robert E. Park e Louis Wirth (conhecidos como integrantes da Escola de Chicago) realizaram uma pesquisa entre 1920 e 1940 em Chicago, EUA, e descobriram que existiam "aldeias urbanas", pequenas comunidades localizadas em grandes cidades, que apresentavam fortes laços entre as pessoas, o que tradicionalmente estava

DIREITO À CIDADE

Na década de 1960, o sociólogo francês Henri Lefebvre estava preocupado com o fato de o ambiente urbano moderno excluir certos grupos, que eram usuários da cidade, em favor daqueles que possuíam propriedades ou eram influentes. Ele queria que todos tivessem "direito à cidade", que tivessem voz sobre como ela era administrada e acesso a seus recursos.

Instituições sociais

vida **URBANA**

associado à vida rural das aldeias. Na Inglaterra, a pesquisa conduzida por Peter Willmott e Michael Young na década de 1950 em Bethnal Green, Londres, também encontrou uma próspera comunidade da classe trabalhadora num local pobre do centro da cidade. Construída em torno de mulheres fortes, oferecia um senso de vizinhança aos moradores, que frequentemente ofereciam ajuda mútua.

Pobreza e inovação

Uma área de interesse atual dos sociólogos é o crescimento de assentamentos informais, ou favelas, em países como Índia, Brasil e Nigéria. As pessoas que buscam escapar da pobreza nas áreas rurais se mudam para a cidade na esperança de encontrar

segurança e emprego em megalópoles emergentes, como Mumbai, Rio de Janeiro ou Lagos. Esses assentamentos informais podem ser lugares contraditórios. Parecem vastas áreas de pobreza e superlotação, mas também se revelaram lugares de inventividade, atividade econômica e novas conexões sociais.

Esses assentamentos estão em ascensão, e moradores e autoridades podem trabalhar juntos para criar locais seguros e vibrantes nos quais as pessoas possam prosperar. A sociologia pode ajudar nesse processo fornecendo informações e análises das experiências das pessoas que vivem lá.

Veja também: 56-57

VIDA RURAL

VIDA URBANA

MORAR NO CAMPO PODE SIGNIFICAR FAZER PARTE DE UMA COMUNIDADE COM VALORES COMPARTILHADOS E FORTES LAÇOS, UM ESTADO CONHECIDO COMO *GEMEINSCHAFT*.

A VIDA NA CIDADE PODE SIGNIFICAR RELACIONAMENTOS MAIS FUNCIONAIS E ANÔNIMOS, UM ESTADO CONHECIDO COMO *GESELLSCHAFT*.

TRADICIONALMENTE, A VIDA RURAL ERA MENOS SOLITÁRIA DO QUE A VIDA URBANA

Um senso de COMUNIDADE

QUANDO O ASSUNTO "COMUNIDADE" SURGE, IMAGINAMOS UM GRUPO DE PESSOAS QUE SE CONHECEM BEM E VIVEM NA MESMA ÁREA. HOJE EM DIA, PORÉM, EXISTEM COMUNIDADES DE PESSOAS COM INTERESSES SEMELHANTES, MAS QUE NUNCA SE ENCONTRARAM, EXCETO NO MUNDO VIRTUAL.

O que queremos dizer com comunidade?

O conceito de "comunidade" evoca a imagem de um grupo de pessoas com uma cultura e um conjunto de valores em comum, e que vivam na mesma área. Essa é a forma de comunidade apresentada no estudo sociológico *Middletown: A Study in Contemporary American Culture* (que, na verdade, tomou como base uma cidade chamada Muncie), realizado na década de 1920 por Robert e Helen Lynd. O estudo analisou os hábitos e visões dos habitantes, suas aspirações na vida e suas formas de lazer.

No Reino Unido, a influente pesquisa de Ray Pahl na década de 1970 sobre a ilha de Sheppey, em Kent, examinou a natureza do trabalho numa pequena comunidade. Seu estudo revelou como o trabalho é compartilhado e como as comunidades sustentam uma economia informal, bem como negócios mais transparentes. As duas abrangentes investigações moldaram a forma como os sociólogos passaram a entender as comunidades.

Outros tipos de comunidade

Um exame mais detalhado do assunto revela que o termo *comunidade* pode se referir a outros grupos de pessoas, que talvez não estejam no mesmo lugar físico, mas que, ainda assim, mantêm contato umas com as outras. Por exemplo, podemos falar da comunidade gay, da comunidade empresarial ou da comunidade estudantil, nas quais uma característica em comum, não um lugar físico, estabelece a base para a associação das pessoas. Numa comunidade on-line não há espaço físico, e os indivíduos se conectam via internet.

> Existem 25 comunidades virtuais ativas com mais de 100 milhões de participantes.

Veja também: 50-51, 126-127

NENHUM HOMEM É UMA ILHA [...] CADA HOMEM É UM PEDAÇO DO CONTINENTE, UMA PARTE DO TODO.
JOHN DONNE, POETA E ENSAÍSTA INGLÊS DA RENASCENÇA

Instituições sociais

UMA COMUNIDADE MANTÉM AS PESSOAS SAUDÁVEIS E FELIZES

◎ **Vida social**
Integrar uma comunidade pode trazer uma série de benefícios baseados no envolvimento local. Contudo, a assiduidade verificada em muitas organizações está diminuindo, e estamos inclusive nos socializando menos.

Veja também: 130-131, 142-143

Capital social

O sociólogo americano Robert D. Putnam, em seu livro *Bowling Alone*, publicado em 2000, afirma que, nos EUA, houve um declínio no envolvimento comunitário, ou seja, as pessoas estão menos propensas a pertencer a qualquer tipo de grupo social, chegando ao ponto de jogar boliche sozinhas. Isso se deve, em parte, à televisão, a um senso maior de individualismo, ao tempo que se passa no trabalho e à desindustrialização. Central a seu pensamento é o conceito de "capital social". Geralmente, a palavra *capital* está associada a dinheiro (como em *capitalismo*), mas Putnam se refere aqui a uma riqueza de conexões sociais. O capital social é composto de vários elementos, mas um componente básico é a reciprocidade: retribuir com boas ações favores que recebemos. As pesquisas revelaram que o capital social é benéfico para a saúde, a felicidade e a segurança das pessoas, porque elas provavelmente serão mais ativas e contarão com o cuidado dos outros. Como consequência, embora as pessoas passem mais tempo sozinhas atualmente, o senso de comunidade pode ajudar a manter sua saúde e bem-estar.

O EFEITO ROSETO

Em meados do século XX, a cidade de Roseto, na Pensilvânia, Estados Unidos, apresentava níveis de doenças cardíacas abaixo da média. Apesar de uma dieta rica em gordura e um grande número de fumantes, a união da comunidade — o que significa que ninguém se sentia sozinho e as pessoas ajudavam umas às outras a lidar com o estresse da vida — dava às pessoas uma vantagem de saúde, conhecida como "efeito Roseto".

MAX WEBER
1864-1920

Max Weber era o mais velho de sete filhos nascidos numa família intelectual alemã de classe média. Considerado um brilhante aluno, estudou direito, história, filosofia e economia antes de se tornar professor de economia na Universidade de Berlim. Aclamado como um dos fundadores da sociologia moderna, ele é mais conhecido por suas ideias sobre o papel da religião na ascensão do capitalismo. Weber morreu aos 56 anos, enquanto trabalhava em sua obra de vários volumes intitulada *Economia e sociedade*.

UMA VIDA CONTURBADA

Weber se casou com Marianne Schnitger, uma socióloga e escritora feminista, em 1893. Infelizmente, em 1897, ele teve uma briga com o pai, que nunca foi resolvida. Após a morte do pai, ocorrida pouco tempo depois da briga, Weber sofreu um colapso nervoso, o que o deixou impossibilitado de trabalhar por cinco anos. A luta de Weber contra a doença mental foi descrita por Marianne em sua influente biografia do marido, publicada em 1926.

> "O **destino** de nossos tempos é caracterizado [...] acima de tudo [...] pelo **desencantamento** do mundo."

Instituições sociais

No início da Primeira Guerra Mundial, Weber, então com cinquenta anos, foi encarregado de organizar os hospitais militares em Heidelberg, função que ele desempenhou até 1915.

A ÉTICA PROTESTANTE DO TRABALHO

A obra mais influente e controversa de Weber, *A ética protestante e o espírito do capitalismo*, publicada em 1905, apresenta a relação entre as crenças e os valores protestantes e a ascensão do capitalismo no Ocidente. Weber afirmou que, embora os valores protestantes de autodisciplina e trabalho duro estivessem no cerne das sociedades capitalistas, esses ideais religiosos haviam sido substituídos pela busca incessante de lucro e riqueza.

A JAULA DE AÇO DA RACIONALIDADE

Grande parte dos escritos de Weber explora os efeitos da "racionalização" na sociedade, referindo-se ao modo como a sociedade ocidental se organizou cada vez mais em torno da razão, da lógica e da eficiência. Ele argumenta que, embora a racionalização conduza a mais avanços tecnológicos e econômicos, também limita a liberdade e a criatividade humanas. De acordo com Weber, a racionalidade aprisionou a sociedade moderna numa "jaula de aço", produzindo uma sensação generalizada de "desencantamento" ou desilusão.

INDIVIDUALISMO METODOLÓGICO

Ao longo de seu trabalho, Weber adotou um método de análise conhecido como "individualismo metodológico". Ele acreditava que qualquer estudo de mudança social deveria se concentrar não em estruturas sociais, como etnia ou classe, mas nos indivíduos e em suas ações. Weber estava particularmente interessado em analisar as motivações por trás das ações humanas e as formas pelas quais os indivíduos na sociedade interagem entre si e dão sentido uns aos outros.

⬆ Só o trabalho
Embora ganhar dinheiro seja muito importante, o trabalho também gera autoestima e nos dá um propósito e status na sociedade, além de ser um lugar para construir amizades e se sentir parte de uma equipe.

Por que nós TRABA

O TRABALHO É UM ASPECTO FUNDAMENTAL DE NOSSA VIDA. PASSAMOS A MAIOR PARTE DO TEMPO NO TRABALHO, MAS POR QUE TRABALHAMOS? CLARO, PARA GANHAR DINHEIRO, MAS PESQUISAS MOSTRAM QUE ISSO É APENAS UMA PARTE.

> DE LONGE, O MAIOR PRÊMIO QUE A VIDA TEM A OFERECER É A CHANCE DE TRABALHAR DURO EM ALGO QUE VALHA A PENA.
> **THEODORE ROOSEVELT, EX-PRESIDENTE AMERICANO**

Não é só questão de dinheiro

Nos EUA, o trabalhador comum, com idade entre 25 e 64 anos e com filhos, passará 8,9 horas por dia no trabalho, 7,7 horas dormindo e 1,2 hora voltado para os outros. Uma vez que o trabalho consome tanto tempo, isso leva à pergunta: por que trabalhamos? Afinal, para muitas pessoas, o trabalho pode ser uma fonte de estresse e peso. A resposta óbvia é que trabalho significa dinheiro, um salário para pagar o aluguel, assim como outras contas. Mas essa é apenas parte da explicação. Primeiro, o termo *trabalho* precisa ser tratado com cautela. É fácil pensar que o trabalho se refere exclusivamente à atividade remunerada, algo que é feito em troca de um salário, mas há muitas outras formas de trabalho. Por exemplo, para as mulheres, uma parte importante de seu tempo é dedicada ao trabalho doméstico ou ao cuidado de terceiros, o que geralmente não é remunerado. O sociólogo britânico Keith Grint explica que, se analisarmos as culturas ao longo do tempo, constataremos que as ideias ocidentais de trabalho são bastante específicas dessa parte do mundo. Por exemplo, o expediente de trabalho das nove às seis não é universal. Na África Ocidental, o trabalho está relacionado mais ao ritmo natural do corpo, ou seja, o indivíduo trabalha quando se sente ativo e descansa quando se sente cansado. Países como Espanha e Grécia permitem um pequeno descanso, conhecido como sesta, no momento mais quente do dia.

O trabalho gera status

As pessoas são motivadas a trabalhar por outras razões além de dinheiro. O trabalho pode ser uma fonte de status que nos dá um valor no mundo. Pense em como é comum perguntar ao outro

> O maior empregador do mundo é o Departamento de Defesa dos EUA, com 3,2 milhões de empregados.

LHAMOS?

quando o conhecemos: "O que você faz?", e como isso afeta o que falaremos em seguida. O trabalho é um lugar onde conhecemos outras pessoas e estabelecemos amizades que podem durar muitos anos. O trabalho também oferece estrutura à vida dos indivíduos e propicia uma rotina familiar. É por isso que muitas pessoas consideram difícil a aposentadoria ou a dispensa, pois, de repente, descobrem que têm muito tempo disponível.

A ética de trabalho

Existem outros motivos mais profundos para explicar por que trabalhamos. É comum a crença de que o trabalho é uma coisa boa, que o indivíduo tem o dever moral de trabalhar, a chamada "ética de trabalho". Max Weber, ao tentar descobrir as raízes da sociedade capitalista no Ocidente, viu que o protestantismo calvinista, religião alemã na época, desempenhava um papel importante na construção dessa crença. Seguidores da religião acreditavam que Deus já havia escolhido quem iria para o Céu. Trabalhar duro e ter sucesso na terra era um bom sinal. O trabalho duro se tornou parte das crenças e práticas da fé. Com o passar do tempo, o valor moral do trabalho duro separou-se de suas raízes religiosas, mas a prática permaneceu na cultura. Karl Marx acreditava que os seres humanos querem e precisam trabalhar, e possuem uma variedade de talentos criativos para tal. No entanto, ele acreditava também que a maneira como a sociedade capitalista é organizada distorce a capacidade natural de trabalhar. Em vez de ser uma forma de melhorar a vida ou ajudar a sociedade como um todo, passou a ser algo para o benefício de uma elite. Marx descreve essa situação como "alienação" e diz que o trabalho no capitalismo deixa as pessoas infelizes e insatisfeitas. As razões pelas quais trabalhamos são complexas e multifacetadas, mas, definitivamente, não se limitam ao dinheiro.

COOPERATIVA DE TRABALHADORES

A Mondragon Corporation é uma empresa global basca bem-sucedida, com uma receita total de € 12,11 milhões, mas administrada de forma diferente da maioria dos lugares. Trata-se de uma cooperativa de trabalhadores. As decisões são submetidas ao voto. Eles elegem seus gerentes, que não ganham mais que cinco vezes o menor salário da empresa.

Como o trabalho está MUDANDO?

> Os especialistas preveem que, até 2025, a automação pode roubar de 20% a 35% dos empregos atuais.

"TRABALHO PARA A VIDA TODA" NÃO É MAIS UM CONCEITO FAMILIAR ATUALMENTE. QUANTAS PESSOAS AINDA TÊM ESSA OPÇÃO? MUDANÇAS NO GERENCIAMENTO E NO MERCADO DE TRABALHO SIGNIFICAM QUE O MUNDO ESTÁ SE TORNANDO MENOS RECOMPENSADOR E MAIS INSTÁVEL.

Empregos seguros

O mundo do trabalho está mudando. Não muito tempo atrás, no final do século XX, as pessoas saíam da escola ou da faculdade e, com perseverança, encontravam emprego. O trabalho dava estrutura à sua vida e, muitas vezes, oferecia um plano de carreira. O emprego estável era o alicerce sobre o qual construir compromissos para a vida toda, como criar filhos ou comprar uma casa. O trabalho também proporcionava um senso de identidade.

Local de trabalho sem alma

Hoje em dia, é menos provável que o trabalho garanta uma segurança a longo prazo ou que seja a mesma fonte de identidade. Há muitos motivos para essas mudanças. Uma delas é o que os sociólogos chamam de "novo gerencialismo", a microgestão de todos os aspectos do expediente de trabalho. A pesquisa realizada pelos sociólogos britânicos Phil Taylor e Vaughan Ellis num *call center* é um bom exemplo. Os funcionários ali tinham um roteiro a seguir. A fidelidade e a rapidez com que eles executavam o trabalho eram monitoradas de perto. Um desvio do roteiro ou uma queda no número de ligações significava problemas.

Para o sociólogo americano Richard Sennett, um ambiente de trabalho controlado como esse é um lugar que destrói a alma. Segundo ele, o local de trabalho já foi como uma espécie de vilarejo, onde as pessoas realizavam o que deviam realizar, mas também tinham espaço para fazer amigos

> A ESTABILIDADE NO EMPREGO É COISA DO PASSADO?

Na corda bamba
No precário mercado de trabalho atual, muitos jovens são forçados a mudar de um trabalho temporário para outro. Oportunidades de emprego estável são raras.

Veja também: 60-61

Instituições sociais

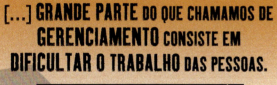

[...] **GRANDE PARTE** DO QUE CHAMAMOS DE **GERENCIAMENTO** CONSISTE EM **DIFICULTAR O TRABALHO** DAS PESSOAS.

PETER F. DRUCKER, EDUCADOR E ESCRITOR AUSTRÍACO

e se sentir parte de uma comunidade. Agora, o local de trabalho é como uma estação de trem: o sujeito chega, faz o que precisa fazer e volta para casa.

O "precariado"

Outra mudança é o aumento do número de pessoas sem emprego regular em período integral, que usam os mercados on-line para encontrar empregos. Os trabalhadores dessa nova economia fazem parte do que o sociólogo e economista britânico Guy Standing chama de "o precariado" em seu livro de mesmo nome, de 2011. O termo é uma fusão das palavras *precário* e *proletariado*. Standing enfatiza que uma geração mais jovem está crescendo ciente de que talvez nunca encontre um emprego para sustentar o estilo de vida que deseja. Não é, segundo ele, por falta de vontade ou habilidade que eles não têm oportunidades, mas devido à estrutura do mercado atual.

A chegada dos robôs

A grande mudança no espaço de trabalho é o desenvolvimento da automação. Muitas tarefas da linha de produção na indústria automobilística foram assumidas por máquinas. O trabalho de escritório e até os médicos podem ser substituídos por *softwares* ou robôs no futuro. Força de trabalho trocada por robôs e sistemas automatizados será um dos principais desafios da sociedade global nas próximas décadas.

Veja: 68-69, 74, 130-131

BETTY, O ROBÔ

Em 2016, uma empresa de sistemas de mobilidade no Reino Unido contratou uma gerente de treinamento: Betty, o robô. Criada na Universidade de Birmingham, Betty é um robô multitarefa. Seu *software* de inteligência artificial permite que ela avalie a presença da equipe, monitore o ambiente, verifique questões de segurança e cumprimente quem chega à recepção.

ARLIE HOCHSCHILD
1940-

Arlie Hochschild é uma das principais sociólogas e feministas dos Estados Unidos. Ela estudou sociologia na Universidade Swarthmore e depois deu continuidade a seus estudos na Universidade da Califórnia, em Berkeley, onde se interessou pelo papel das emoções na sociologia. Num de seus livros mais famosos, *The Second Shift* (1989), Hochschild discute as funções e responsabilidades das mulheres em casa e no trabalho. Seu estudo mais recente aborda a relação entre emoção e política na sociedade americana moderna.

REGRAS DE SENTIMENTO

Hochschild nasceu em Boston, Estados Unidos, filha de diplomatas americanos. Na infância, ficou fascinada pela maneira como os diplomatas controlavam suas emoções em público. Mais tarde, interessou-se pelo modo como se espera que as pessoas vivenciem certas emoções em determinadas situações. Por exemplo, espera-se que as pessoas se sintam felizes quando se casam ou tiram notas boas. A sociedade, afirma Hochschild, tem "regras de sentimento" distintas que governam a forma como administramos nossas emoções.

TRABALHO EMOCIONAL

Em seu livro *The Managed Heart* (1983), Hochschild apresentou suas teorias sobre "trabalho emocional", referindo-se à maneira como os funcionários são obrigados a exibir certas emoções no trabalho. Sua pesquisa se baseou num estudo sobre comissários de bordo da década de 1980, que eram treinados para agir como se eles realmente se importassem com os passageiros. Hochschild afirmou que isso tinha um impacto negativo na tripulação, porque, com o tempo, eles sentiam que haviam perdido o controle de suas próprias emoções.

Instituições sociais

> "A maioria das **mulheres** trabalha um **turno** no escritório ou na fábrica e um '**segundo turno**' em casa."

SERVIR COM UM SORRISO

Grande parte da pesquisa de Hochschild aborda o papel das mulheres no local de trabalho. Ela afirma que as mulheres são muito mais propensas do que os homens a assumir cargos como vendedoras, recepcionistas ou operadoras de *call center*, empregos que exigem "bons serviços" e altos níveis de trabalho emocional. Hochschild argumenta que isso leva à desigualdade de gênero, porque reforça a ideia de que certas ocupações são mais adequadas às mulheres.

Em 1974, quando seu filho tinha três anos, Hochschild escreveu um livro infantil chamado *Coleen the Question Girl*, que conta a história de uma menina que não consegue parar de fazer perguntas.

EMOÇÕES E POLÍTICAS

Em seu livro *Strangers on their Own Land* (2016), Hochschild analisa o modo como as emoções das pessoas afetam suas escolhas políticas. Durante um período de cinco anos, ela viajou para a Louisiana para conversar com eleitores brancos da classe trabalhadora que se sentiam decepcionados com o governo dos Estados Unidos. Ela queria entender por que, numa área afetada por grande poluição industrial, as pessoas culpavam o governo e não as indústrias que causavam danos.

Existe sociedade?

VIGIANDO

A TECNOLOGIA MODERNA FACILITA A VIDA PROFISSIONAL, MAS TAMBÉM É UMA FERRAMENTA DE CONTROLE. HOJE EM DIA, MILHÕES DE FUNCIONÁRIOS ACHAM NORMAL O OLHAR ATENTO DE UMA CÂMERA DE VIGILÂNCIA E A POSSIBILIDADE DE QUE SEUS DADOS ELETRÔNICOS SEJAM INVESTIGADOS A QUALQUER MOMENTO. OS SOCIÓLOGOS ESTUDAM ESSE DESGASTE DA LIBERDADE NO LOCAL DE TRABALHO.

A tecnologia assume o controle

O local de trabalho mudou muito desde que a Revolução Industrial, iniciada na Inglaterra do final do século XVIII, impulsionou o desenvolvimento tecnológico. As inovações adentraram a primeira metade do século XIX, mais notavelmente com o primeiro computador mecanizado e o motor elétrico. Desde então, os cientistas continuaram a desenvolver máquinas cada vez mais sofisticadas, capazes de executar, em poucos minutos, tarefas que, no passado, os trabalhadores levavam horas para realizar. O sociólogo e marxista americano Harry Braverman, escrevendo nos anos 1960, via o avanço tecnológico como o prenúncio do fim do trabalho para os humanos. Ele previu um mundo em que as pessoas seriam livres para dedicar a energia e o tempo extra de lazer ao desenvolvimento da criatividade e de habilidades naturais. Sua visão ainda é uma realidade distante, mas o estudo de Braverman ressaltou o fato de que equipamentos tecnologicamente sofisticados liberaram a maioria dos trabalhadores de atividades profissionais monótonas e desmoralizantes nas linhas de produção em massa ou de um trabalho de escritório repetitivo e demorado. No entanto, ao mesmo tempo em que reduz as cargas físicas de trabalho, a tecnologia está impondo limites à liberdade das pessoas de uma maneira nova e sutil.

MONITORANDO OS E-MAILS

O estudo de 2010 da socióloga britânica Kirstie Ball sobre a tecnologia revelou que, de 294 empresas americanas com número de empregados acima de cem, mais de um terço empregava pessoas com a tarefa de ler e-mails de funcionários em busca de infrações. O trabalho de Ball também mostrou que mais de 75% das empresas dos Estados Unidos verificam também que sites da internet eles acessam.

Vigilância de dados

Na última década, os sociólogos do trabalho concentraram a atenção no modo como a tecnologia foi trazida ao local de trabalho para aumentar a produtividade e a eficiência. As tecnologias de vigilância,

Instituições sociais

os trabalhadores

> **A TECNOLOGIA POSSIBILITA QUE TENHAMOS CONTROLE SOBRE TUDO, EXCETO SOBRE A TECNOLOGIA.**
> JOHN TUDOR, ATLETA AMERICANO

como câmeras de circuito interno, contadores de login, *softwares* de monitoramento e "cartões magnéticos" eletrônicos, são usadas para coletar informações sobre as atividades da equipe. Saber que, a qualquer momento, as filmagens das câmeras e as planilhas de dados com os detalhes de sua produtividade podem ser acessadas numa tela de computador tem o mesmo efeito de um supervisor rondando a sala. Segundo o sociólogo australiano Roger Clarke, tais dispositivos de monitoramento foram usados inicialmente apenas por alguns empregadores. Agora, com os custos mais baixos e a grande disponibilidade, a tecnologia de vigilância faz parte do ambiente de trabalho moderno. Os trabalhadores estão sujeitos a *dataveillance*, termo cunhado por Clarke para o monitoramento das atividades dos funcionários usando sistemas de dados. Tais sistemas incluem o rastreamento do tempo que os funcionários que trabalham em casa passam em seus computadores, do tempo que os funcionários do escritório ficam em suas mesas.

Invasão de privacidade?
De acordo com Clarke, não faz muita diferença se os empregadores se baseiam ou não nas informações geradas pela vigilância de dados. Uma parte significativa do poder da vigilância deriva do fato de os funcionários saberem que estão sob constante observação. Essa questão gerou debates sobre até que ponto os empregadores têm o direito de tentar controlar a vida dos funcionários fora do trabalho. Uma preocupação é a crescente tendência entre os empregadores de verificar o que seus funcionários publicam em redes sociais on-line.

> O *dataveillance* é amplamente usado para fins de rastreamento de criminosos e investigação de roubo de identidade.

Veja também: 80-81, 144-145

Você está realmente sozinho?
Mesmo que você esteja sozinho em seu escritório, dispositivos podem estar observando seus movimentos e lendo seus e-mails.

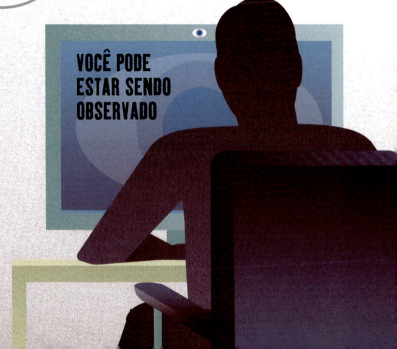

VOCÊ PODE ESTAR SENDO OBSERVADO

Existe sociedade?

Instituições sociais
NA PRÁTICA

TRABALHO DOLOROSO

Em 1844, aos 26 anos, Karl Marx escreve os ensaios conhecidos como *Manuscritos econômico-filosóficos*. Marx acredita que as pessoas sentem satisfação no trabalho, mas a busca por lucro no ambiente profissional as priva dessa satisfação, tornando o trabalho uma experiência desagradável e prejudicial.

DEVER RELIGIOSO

Em 1905, Max Weber publica *A ética protestante e o espírito do capitalismo*. Nessa obra, ele tenta responder por que o capitalismo surgiu no Ocidente. Weber afirma que suas raízes estão na religião protestante do século XVI. Segundo o protestantismo, se o indivíduo trabalhar duro e tiver êxito na vida, Deus o salvará após a morte.

CIMENTO SOCIAL

Em *As formas elementares da vida religiosa* (1912), Émile Durkheim expõe a ideia de que a religião funciona como um cimento que conserva a sociedade coesa, pois fornece conjuntos de regras e normas de comportamento que servem para manter a ordem social. Os rituais religiosos também propiciam um contexto emocional que conecta os praticantes.

A CIDADE HABITÁVEL

Jane Jacobs publica *Morte e vida de grandes cidades* em 1961. Ela explica que as cidades podem ser grandes, mas precisam de pequenos blocos de edifícios, numa mistura de residências e lojas, para permitir que a comunidade interaja. Segundo ela, os moradores e clientes devem poder decidir sobre o próprio planejamento urbano.

Instituições sociais

O Programa das Nações Unidas para os Assentamentos Humanos (ONU-Habitat) estima que, até 2030, 3 bilhões de pessoas viverão em assentamentos informais. A vida nas favelas é bastante contraditória. Elas podem ser lugares de muita pobreza, saúde precária e miséria, mas, ao mesmo tempo, oferecem vida em comunidade, solidariedade social e inovação.

VIDA NA FAVELA

EDUCAÇÃO

Segundo o Fundo das Nações Unidas para a Infância (Unicef), 59 milhões de crianças em idade escolar primária não têm acesso à educação. Essas crianças vivem principalmente na África subsaariana (a área ao sul do deserto do Saara), onde a pobreza, a desigualdade e a agitação social minam suas chances de receber educação.

Nossa vida está estruturada em torno de várias instituições sociais importantes, como trabalho, religião e educação. São instituições centrais à nossa vida, embora estejam constantemente passando por mudanças, que afetam a todos nós. O lugar em que vivemos também é um fator fundamental, pois nos proporciona uma comunidade, seja na cidade, seja no campo.

TRABALHO PRECÁRIO

Guy Standing introduz a ideia de vida precária no seu livro *O precariado: A nova classe perigosa*, de 2011. Ele descreve como o trabalho se tornou muito mais instável. Os trabalhadores hoje carecem dos direitos trabalhistas das gerações anteriores. Não há garantias de horário ou salário regular. Como resultado, a vida se tornou mais precária.

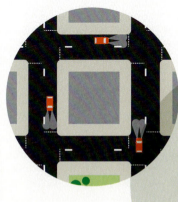

PLANETA URBANO

Em 2008, o mundo torna-se urbano, o que significa que mais da metade da população vive em ambientes urbanos. Novas tendências e ideias surgem nas cidades, e as pessoas procuram construir uma nova vida para si mesmas. No entanto, a vida urbana também pode ser de solidão e isolamento. É fácil passar despercebido e perder o contato com os outros.

Quando tudo dá **ERRADO**

Por que as pessoas cometem CRIMES?

QUEBRANDO as REGRAS da sociedade

CRIME de colarinho-branco

Estamos todos sendo FILMADOS?

História de DETETIVE

SAÚDE e igualdade

INADEQUAÇÃO

Em qualquer sociedade, as pessoas precisam enfrentar os mais diversos problemas e desafios, como crimes, doenças físicas ou mentais e estresse. A sociologia nos ajuda a entender os fatores sociais que podem desencadear coisas ruins. Estudando grupos particulares de pessoas, também é possível explicar por que a vida é mais difícil para alguns membros de uma comunidade do que para outros.

Quando tudo dá errado

Veja também: 50-51, 126-127

Por que as pessoas

A MAIORIA DE NÓS NÃO PENSA EM INGRESSAR EM UMA VIDA DE CRIME, MAS, QUANDO ALGUÉM INFRINGE A LEI, AS PESSOAS TENDEM A FOCAR NA NATUREZA DO CRIME, NÃO NAS RAZÕES SOCIAIS QUE PODEM ESTAR POR TRÁS DELE. PARA O PÚBLICO EM GERAL, OS CRIMINOSOS NÃO PARECEM TER A CONSCIÊNCIA MORAL QUE ESPERAMOS DE NÓS MESMOS E DOS OUTROS.

Pressões sociais

Para os sociólogos, tão importante quanto entender os fatores sociais por trás dos crimes é analisar a mentalidade criminosa. Isso significa que eles tentam explicar como a sociedade pode ser a causa de uma pessoa ingressar no mundo do crime. Com base nas ideias do sociólogo francês Émile Durkheim sobre como os valores culturais afetam fortemente nosso modo de agir e pensar, o sociólogo americano Robert Merton desenvolveu sua "teoria da tensão", nos anos 1940, destacando as semelhanças, e não as diferenças, entre indivíduos honestos e criminosos. De acordo com a teoria, os motivos de um infrator costumam ser influenciados pelas expectativas da cultura ao seu redor. Em muitas sociedades, o sucesso financeiro é um objetivo aceitável, mas, enquanto a maioria das pessoas ganha seu dinheiro de forma legal, outros o obtêm por meio do crime. É provável que esses criminosos tenham sido motivados pelos mesmos ideais socialmente legítimos que estimulam o resto de nós. Eles querem segurança e um estilo de vida afluente.

"Inovação"

A maioria das pessoas obedece a padrões morais aprovados para sentir segurança e conforto. Elas recebem educação, encontram emprego e tentam promover seu status dentro da estrutura

PARA ALGUNS, O CRIME SUBSTITUI O TRABALHO.

O roubo é, disparado, o crime mais cometido no mundo.

social. Segundo Merton, se os indivíduos desfavorecidos e marginalizados não têm chance de realizar esses ideais, há mais probabilidade de crime. Qualquer um que vive numa área de alto índice de desemprego, onde o acesso à educação é limitado ou a discriminação étnica e religiosa é uma realidade, pode ter dificuldade de fazer parte da sociedade. Quando isso acontece, afirma Merton, as

Crime e saúde

cometem **CRIMES**?

⬇ Mundo dos negócios

Fora a ilegalidade de seu "trabalho", alguns criminosos organizados podem ser comparados a empresários. Mais propensos a carregar uma pasta do que bens roubados, eles realizam suas atividades de olho nas condições do mercado.

> **CADA SOCIEDADE TEM O TIPO DE CRIMINOSO QUE MERECE.**
> ROBERT KENNEDY, POLÍTICO AMERICANO

trabalham no segmento do comércio. Como qualquer pessoa de negócios, os criminosos identificam e obtêm um produto para vender a fim de ganhar dinheiro, quando existe um mercado para seu produto. Se esse mercado não existir, eles têm que criar um. No caso do tráfico de drogas, isso significa, entre outras coisas, incentivar as pessoas a usar drogas até se viciarem e dependerem de um fornecimento contínuo. Mesmo destacando a natureza inovadora de tal atividade criminosa, Merton não a defende. Seu ponto é que o crime geralmente ocorre porque o sistema social como um todo deixa de oferecer a todos uma oportunidade igual para desempenhar um papel legítimo na sociedade. A partir disso, as tentativas de reduzir o crime devem se afastar do exame das naturezas dos infratores. Devemos nos concentrar nas razões sociais pelas quais as pessoas recorrem ao crime.

pessoas se deparam com uma escolha: aceitar a vida à margem ou fazer o que ele chama de "inovar", isto é, usar meios ilegais para fins legais.

Criminosos na prática

Merton não vê os criminosos como indivíduos diferentes dos que respeitam a lei. Os traficantes, por exemplo, poderiam ser comparados a empresários que

Veja também: 76-77, 78-79, 84-85

CHEFÃO DA MÁFIA

Al Capone foi um célebre criminoso nascido num bairro pobre de Nova York, em 1899. Aos vinte anos, havia estabelecido um império, fundado no fornecimento de álcool em um momento em que a venda era proibida em todo o território americano. No seu julgamento, em 1931, Capone afirmou que, como qualquer empresário, ele estava apenas fornecendo o que as pessoas queriam. Ele foi condenado a onze anos de prisão.

Quando tudo dá errado

ÉMILE DURKHEIM
1858-1917

Émile Durkheim nasceu em Épinal, no leste da França, numa família religiosa judaica. Diferentemente do pai, ele decidiu não se tornar rabino e foi estudar filosofia na École Normale Supérieure, em Paris. Em 1887, começou a ministrar os primeiros cursos oficiais de sociologia da França, na Universidade de Bordeaux. Considerado um dos fundadores da sociologia, Durkheim é mais conhecido por suas teorias sobre a estrutura da sociedade e por seus escritos sobre religião, suicídio e educação.

UM ORGANISMO VIVO

Durkheim é mais conhecido por suas teorias sobre a estrutura da sociedade. Ele via a sociedade como um "organismo vivo", com diferentes órgãos executando funções distintas. Segundo Durkheim, uma sociedade de sucesso, como um corpo saudável, é um sistema de partes conectadas que funcionam juntas. Se uma parte está danificada, o resto da sociedade não tem como funcionar corretamente. Essa abordagem da sociologia ficou conhecida como "funcionalismo".

ANOMIA

Durkheim acreditava que a sociedade se mantém unida por valores e crenças em comum. Em seu livro *Da divisão do trabalho social* (1893), ele diz que, à medida que a sociedade se tornou mais industrializada, os empregos das pessoas ficaram mais especializados, e as experiências compartilhadas no local de trabalho, menos comuns. Durkheim usou a palavra *anomia* para descrever o sentimento de desespero que acometia as pessoas conforme elas se tornavam cada vez mais isoladas na sociedade.

Crime e saúde

> "O grupo **pensa**, **sente** e **age** de um modo bem diferente do que fariam seus membros caso estivessem **isolados**."

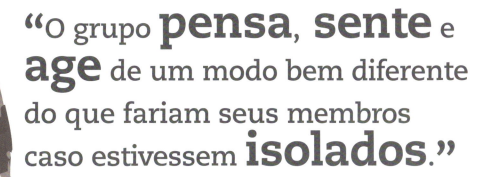

FATOS SOCIAIS

Em *As regras do método sociológico* (1895), Durkheim argumentou que qualquer estudo da sociedade deve se basear em "fatos sociais", referindo-se a instituições, como religião, idioma ou educação, que existem independentemente das pessoas, mas têm poder e controle sobre suas vidas. Durkheim estava interessado na maneira como os fatos sociais mantêm a sociedade unida e servem de orientação moral para os indivíduos.

Depois que seu único filho, André, foi morto, durante a Primeira Guerra Mundial, a saúde de Durkheim piorou rapidamente, e ele morreu em 1917, aos 59 anos.

O PAPEL DA RELIGIÃO

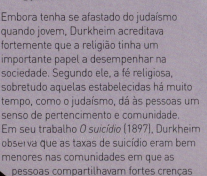

Embora tenha se afastado do judaísmo quando jovem, Durkheim acreditava fortemente que a religião tinha um importante papel a desempenhar na sociedade. Segundo ele, a fé religiosa, sobretudo aquelas estabelecidas há muito tempo, como o judaísmo, dá às pessoas um senso de pertencimento e comunidade. Em seu trabalho *O suicídio* (1897), Durkheim observa que as taxas de suicídio eram bem menores nas comunidades em que as pessoas compartilhavam fortes crenças religiosas.

QUEBRANDO as REGRAS

O código de leis mais antigo que conhecemos foi escrito por um rei sumério, Ur-Nammu, c. 2100--2050 a.C.

EM QUALQUER SOCIEDADE, A TRANSGRESSÃO NORMALMENTE INCORRE EM PUNIÇÃO. APRENDEMOS QUE QUEBRAR AS REGRAS TEM CONSEQUÊNCIAS E DEPENDENDO DA GRAVIDADE DO CRIME, VÃO DA REPREENSÃO ATÉ UMA SENTENÇA DE PRISÃO, ALÉM DA DESAPROVAÇÃO DOS OUTROS. POR ISSO, A MAIORIA DE NÓS NEM COGITA COMETER TRANSGRESSÕES.

Vivendo com regras

Precisamos de regras. Sem elas, a vida seria imprevisível e pouco segura. Desde a infância, aprendemos a fazer parte de um grupo, como a família, a escola ou o local de trabalho, e isso significa seguir as regras. Em algumas situações, como saber de que maneira se comportar em público, talvez precisemos da orientação de nossos pais. De um modo geral, entendemos por conta própria o que é um comportamento aceitável e o que não é. Outros tipos de regra são impostas por lei.

Quando quebramos regras, geralmente somos punidos. Como a sociedade mudou ao longo do tempo, a natureza da punição também se alterou. De acordo com o principal sociólogo britânico na área de criminalidade e punição, David Garland, a punição é uma "instituição social", ou seja, é criada pelas pessoas de uma sociedade

> QUANDO OS **COSTUMES** SÃO **SUFICIENTES**, AS **LEIS** SÃO **DESNECESSÁRIAS** [...].
> ÉMILE DURKHEIM, SOCIÓLOGO FRANCÊS

e se presta a uma série de funções, como qualquer outra instituição.

Formas de punição

Em *Da divisão do trabalho social* (1893), o sociólogo francês Émile Durkheim se concentrou em como diferentes formas de punição se alteraram conforme as mudanças da própria sociedade. No passado, as pessoas de comunidades

Veja também: 74-75

PAGANDO À SOCIEDADE

No Reino Unido e nos EUA, os infratores condenados por certos tipos de crime, como dirigir sob o efeito do álcool, podem contribuir para a própria reabilitação, optando por se inscrever em trabalhos comunitários. Eles podem trabalhar com jovens, alertando-os sobre os riscos que correm ao se envolver com o crime, e ajudando-os a elevar suas aspirações para o futuro.

da sociedade

SER ACUSADO E ENVERGONHADO AJUDA A IMPEDIR O CRIME

Crime e saúde

Veja também: 84-85

Bom comportamento
O medo da desaprovação da sociedade e nosso próprio senso do que é certo mantêm a maioria de nós do lado certo da lei.

épocas remotas, era a vítima (um indivíduo ou a comunidade) que lidava com o malfeitor. Na sociedade moderna, a tarefa de punir as pessoas recai sobre os membros de um grupo social designado, como a polícia ou o sistema de justiça criminal.

Medo de desaprovação
Émile Durkheim acreditava que o medo da punição não é o principal fator que impede que a maioria dos indivíduos cometa crimes. Segundo ele, as pessoas não cometem crimes porque os valores morais que elas absorvem têm uma poderosa influência restritiva. Aprendemos, desde pequenos, que quebrar regras tem mais consequências do que só castigo. A transgressão gera culpa, vergonha e autocondenação, sobretudo se o culpado for pego. A possibilidade da exposição pública e da vergonha familiar, além da consciência pesada, geralmente nos impede de infringir a lei. Com base nas ideias de Durkheim, David Garland observa que, se o número de prisões continua aumentando, não é porque o sistema de justiça criminal não "funciona". É porque existem pessoas que estão apartadas demais da sociedade para aceitar códigos comuns de comportamento.

organizadas uniam-se pelo que chamamos de "solidariedade mecânica": elas ficavam juntas em razão de crenças comuns em valores e padrões de comportamento. Em tais sociedades, a violação das leis causava indignação, e a punição era "repressiva", isto é, o infrator pagava pelo crime. Um criminoso pode ser banido do grupo ou punido fisicamente. A punição na sociedade moderna é "restitutiva": em vez de marginalizar ou castigar fisicamente os infratores, os reinserimos na sociedade. Outra diferença, apontada pelo sociólogo alemão Norbert Elias, está em quem pune. Em

Quando tudo dá errado

CRIME de colarinho--branco

NEM TODOS OS CRIMES GRAVES ACONTECEM NA RUA. ALGUNS OCORREM ATRÁS DAS RESPEITÁVEIS PORTAS DE GRANDES EMPRESAS, OCULTADOS EM ARQUIVOS DE COMPUTADOR E ENTERRADOS EM MEIO A DADOS COMPLEXOS. SÃO OS CHAMADOS "CRIMES DE COLARINHO-BRANCO", QUE ENVOLVEM DINHEIRO INDO PARA AS PESSOAS ERRADAS. DETECTAR ESSES CRIMES É DIFÍCIL, E AS INVESTIGAÇÕES SÃO DISPENDIOSAS.

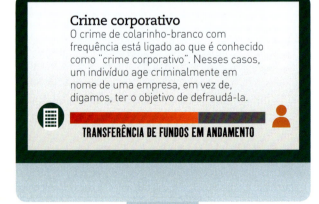

Crime corporativo
O crime de colarinho-branco com frequência está ligado ao que é conhecido como "crime corporativo". Nesses casos, um indivíduo age criminalmente em nome de uma empresa, em vez de, digamos, ter o objetivo de defraudá-la.

TRANSFERÊNCIA DE FUNDOS EM ANDAMENTO

Delitos graves
Alguns dos delitos mais graves são os "crimes de rua", como assalto, roubo e vandalismo, que recebem atenção pública e têm um enorme impacto sobre as vítimas. Tão graves, porém menos visíveis, são aqueles que os sociólogos chamam de "crimes de colarinho-branco": apropriação indébita de fundos, evasão fiscal e reembolsos fraudulentos, entre outros. Embora os crimes de colarinho-branco não provoquem danos físicos, eles causam muitos prejuízos às pessoas. Ainda assim, em geral, não são denunciados.

> ENCONTREI EM MINHA EXPERIÊNCIA NO MUNDO FINANCEIRO UMA BASE INESTIMÁVEL PARA ESCREVER SOBRE CRIMES DE COLARINHO-BRANCO.
> **SARA PARETSKY, ESCRITORA DE FICÇÃO POLICIAL**

Conhecimento especializado
O sociólogo americano Edwin Sutherland define os crimes de colarinho-branco como crimes cometidos pelo que ele chama de "pessoas respeitáveis", que muitas vezes estão no topo de suas carreiras. Esse tipo de crime sempre recebeu bem menos atenção dos sociólogos, da mídia, dos políticos e das forças de segurança do que os crimes de rua. Existem várias razões para isso. Em comparação com danos à propriedade e violência, o crime de colarinho-branco pode ser mais difícil de detectar. É necessário conhecimento especializado para identificar que um delito de fato ocorreu. Em casos de fraude e uso de informações privilegiadas no mercado de ações, entrar com uma ação legal exige conhecimento especializado de leis tributárias. No caso de pirataria e crimes cibernéticos, linguagem de programação.

> Entre os que cometem esse tipo de crime, a maioria é branca, do sexo masculino e com formação universitária.

Roubo invisível
O crime de colarinho-branco pode passar despercebido por meses ou até anos. É possível obter dinheiro solicitando reembolsos por

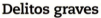
Veja também: 74-75

Crime e saúde

despesas falsas que pareçam genuínas, a menos que sejam analisadas de perto. Pequenas quantias de dinheiro podem "desaparecer" das contas das empresas. Cobranças não autorizadas por serviços podem ser camufladas entre custos legítimos numa planilha de faturamento complexa. Mesmo que os crimes de colarinho-branco sejam detectados, muitas vezes não são denunciados, porque trazê-los a público pode causar mais prejuízo. As empresas podem não querer admitir que foram vítimas de roubo, o que poderia minar a confiança de seus clientes. E admitir que um crime foi cometido por "alguém de dentro" pode pôr em dúvida a integridade da empresa.

O verdadeiro preço do crime

Segundo o sociólogo americano Joseph Martinez, é menos provável que um crime de colarinho-branco seja denunciado, pois acredita-se que em comparação aos crimes violentos esse tipo de crime não é tão grave. Mas há um preço alto: pesquisas realizadas pelo sociólogo americano D. Stanley Eitzen revelam que, enquanto o custo médio para o governo dos Estados Unidos por crime de rua é de US$ 35, para crimes de colarinho-branco, como evasão fiscal, peculato e fraude, o custo é de US$ 621 mil!

Com base na pesquisa de Eitzen, Martinez diz que aqueles que cometem esse tipo de crime deveriam estar sujeitos a punições mais severas do que os criminosos de rua, porque custam muito mais à sociedade.

Veja também: 82-83

A FRAUDE, ÀS VEZES, ESTÁ A UM CLIQUE DE DISTÂNCIA

FRAUDE BILIONÁRIA

Num notório caso financeiro da década de 1990, o investidor inglês Nick Leeson escondeu de seus empregadores, uma empresa financeira de Cingapura, prejuízos no valor de US$ 1,4 bilhão. Após as investigações policiais, a empresa entrou em colapso, deixando centenas de pessoas desempregadas. Leeson cumpriu uma pena de três anos e meio de prisão.

Estamos todos

> Agora é possível comprar pequenas câmeras espiãs, que de tão mínimas podem ser escondidas num botão de camisa.

ONDE QUER QUE ESTEJAMOS, PROVAVELMENTE ESTAMOS SENDO FILMADOS. OS SISTEMAS DE VIGILÂNCIA NOS ACOMPANHAM NAS LOJAS, NAS ESTRADAS, NOS AEROPORTOS, NAS ESTAÇÕES FERROVIÁRIAS, NOS ÔNIBUS E NOS METRÔS. ESSAS CHAMADAS "CÂMERAS ESPIÃS" SÃO UM MÉTODO COMPROVADO DE INIBIR O MAU COMPORTAMENTO. MAS SERÃO TAMBÉM UMA FORMA OCULTA DE CONTROLE MENTAL?

Nossa sociedade disciplinar

O Big Brother está observando você! Para muitos, o slogan evoca o *reality show* mundial no qual um grupo de competidores morando em uma mesma casa é filmado ao vivo 24 horas por dia. Mais notoriamente, o Grande Irmão é a figura, talvez inexistente, que tudo vê, o líder do Estado totalitário retratado pelo escritor britânico George Orwell em seu romance *1984*, de 1949. O livro de Orwell descreve uma sociedade futura em que cada palavra ou ação das pessoas é observada por uma autoridade que tudo

Crime e saúde

sendo **FILMADOS?**

> ## QUANTO MAIS SOMOS VIGIADOS, MELHOR NOS COMPORTAMOS.
>
> **JEREMY BENTHAM, REFORMADOR SOCIAL BRITÂNICO**

vê. Segundo o teórico social francês Michel Foucault, a sociedade disciplinar antevista com assombro por Orwell tornou-se realidade.

Controlando as pessoas

Em seu trabalho *Vigiar e punir* (1975), Foucault diz que, com o desenvolvimento da sociedade moderna e a migração das pessoas do campo para as cidades, grandes comunidades em pequenos centros urbanos logo se tornaram populações indisciplinadas, ameaçando a ordem social, sem que houvesse a possibilidade de usar o controle físico de modo eficaz. Para solucionar isso, o reformador social

◔ Na tela

As câmeras do circuito interno transmitem o que captam, mas há alguém assistindo às imagens?

inglês do século XVIII Jeremy Bentham desenvolveu suas teorias sobre como regular a sociedade controlando a mente das pessoas em vez de seu comportamento.

O panóptico

A ideia mais influente de Bentham foi seu projeto para uma prisão que ele chamou de "panóptico" (das palavras em grego *pan*, que significa "todos", e *opticon*, "observar"). Trata-se de uma prisão em forma de anel, no meio da qual há uma torre de vigilância. Nas paredes externas circulares há celas para cada prisioneiro. Assim, eles não conseguem ver se há ou não um vigia dentro da torre, e nunca sabem quando estão sendo observados. A constante incerteza os pressiona a se comportar bem o tempo todo.

Poder sobre a mente

Foucault vê a prisão de Bentham (que nunca foi construída) como um modelo para entender o poder da vigilância na sociedade atual. As câmeras de circuito interno são a versão tecnológica moderna do panóptico. Estar em sua mira gera incerteza, e a grande maioria das pessoas reage como se estivesse sendo filmada e observada por alguém. Quanto mais os indivíduos se acostumam com a vigilância, menos eles tendem a percebê-la. Mas, muitas vezes, eles ainda são condicionados a controlar seu comportamento. Para Foucault, esse é o verdadeiro poder, que funciona influenciando as pessoas sem que elas se deem conta disso.

Veja também: 48-49

História de **DETETIVE**

O CRIME NOS HORRORIZA TANTO QUANTO NOS CATIVA. ÀS VEZES, O MODO COMO OS CRIMINOSOS SÃO PEGOS GRAÇAS A UMA PROVA INSIGNIFICANTE PARECE MAIS FICÇÃO DO QUE FATO. MAS AS FORÇAS DE SEGURANÇA MODERNAS DESENVOLVERAM ALGUMAS FERRAMENTAS DE INVESTIGAÇÃO ALTAMENTE SOFISTICADAS, ENTRE ELAS A PSICOLOGIA CRIMINAL.

Não só romance policial

De Sherlock Holmes, o investigador da era vitoriana, às populares séries de TV sobre crimes do século XXI, histórias e filmes colocaram em nossa mente a ideia de que, examinando a natureza dos crimes, os investigadores são capazes de construir um perfil do criminoso. Embora Holmes e os personagens televisivos sejam fictícios, seus métodos baseiam-se na realidade.

Criminosos em série

Os investigadores valeram-se da psicologia criminal para tentar pegar criminosos em série, recolhendo as pistas comportamentais que eles deixavam na cena do crime. As forças de segurança costumam recorrer à ajuda de especialistas ao se defrontar com delitos sem motivação aparente ou com poucas pistas a seguir. Da mesma forma, quando casos de grande repercussão, como um sequestro, causam alarde público, a polícia e o psicólogo criminal trabalham em conjunto. A criação de perfis psicológicos não é muito utilizada para crimes mais "cotidianos", como roubo. Na perseguição de criminosos, as autoridades competentes usam técnicas de psicologia criminal desenvolvidas em consonância com uma série de estudos, incluindo sociologia, psicologia e criminologia (o estudo científico do crime). A teoria por trás da psicologia criminal é que, cientes ou não, todos os infratores são moldados por fatores sociais e psicológicos, que os investigadores criminais utilizam para definir sua identidade.

A psicologia criminal teve início no final da década de 1970, na Unidade de Ciências Comportamentais da Academia do FBI em Quantico, Virgínia, EUA.

TUDO ESTÁ NOS DETALHES. PISTAS NA CENA DO

NÃO HÁ NADA COMO EVIDÊNCIAS EM PRIMEIRA MÃO.
SHERLOCK HOLMES
(UM ESTUDO EM VERMELHO, DE SIR ARTHUR CONAN DOYLE)

Veja também: 34-35, 72-73

Crime e saúde

Traçando um perfil

Estruturas sociais como gênero, etnia e classe social moldam nossos padrões de comportamento e pensamento. Por exemplo, a classe influencia fortemente o tipo de trabalho que desenvolvemos. O gênero e a etnia contribuem para nosso modo de viver e interagir socialmente. O trabalho de quem traça perfis criminais é identificar padrões no comportamento do infrator. Com base na metodologia e nos raciocínios sociológico e psicológico, esses profissionais fazem uma distinção fundamental no momento de tentar apanhar criminosos em série: o suspeito é "organizado" ou "desorganizado"? Os infratores organizados tendem a levar uma vida bem regular, o que se reflete na natureza relativamente ordenada e planejada de seus crimes. Eles apresentam um grau de inteligência de médio a alto, têm uma ocupação profissional, são socialmente aptos e é bastante possível que sejam casados ou estejam num relacionamento. De um modo geral, os serial killers organizados cometem assassinatos no período seguinte a um evento desestabilizador repentino, como a perda do emprego, o fim de um relacionamento ou a morte de um ente querido. Em contrapartida, os infratores desorganizados com frequência são oportunistas, e seus crimes não costumam ser premeditados. Muitos estão desempregados, são inseguros, socialmente inadequados e incapazes de manter relacionamentos pessoais. Além disso, têm por hábito agir quando estão sob a influência de drogas ou álcool, e costumam morar relativamente perto de onde cometem seus crimes. A falta de planejamento, característica da vida de um infrator desorganizado, é evidenciada nos sinais de caos e precipitação que são encontrados na cena do crime.

PEGANDO O "UNABOMBER"

De 1969 a 1995, Theodore Kaczynski, conhecido como "Unabomber", escapou da caçada promovida pela polícia americana por fabricar e utilizar bombas. John Douglas, psicólogo criminal do FBI, deduziu que o criminoso era branco, muito inteligente, e que morava sozinho ou com alguém que não questionava seu paradeiro. Quando Kaczynski foi preso, em 1995, a polícia descobriu que ele fora professor universitário e abandonara a carreira cedo para viver recluso numa cabana remota em Montana, Estados Unidos.

CRIMES PODEM DEFINIR A NATUREZA DO CRIMINOSO.

Além da experiência policial, os profissionais que traçam perfis criminais geralmente têm conhecimento de psicologia e ciência forense.

Veja também: 84-85, 88-89

HOWARD BECKER
1928-

Howard Becker nasceu em Chicago, Estados Unidos. Depois de estudar sociologia na Universidade de Chicago, transferiu-se para a Universidade Northwestern, onde se tornou professor. Ele é mais conhecido por sua "teoria da rotulagem", que questiona por que alguns tipos de comportamento e indivíduos são considerados "desviados", ou seja, fora das regras normais da sociedade. Músico talentoso e pianista de jazz, ele está particularmente interessado no papel da arte na sociedade moderna.

> "Comportamento **desviante** é um comportamento assim **rotulado** pelas pessoas."

A TEORIA DA ROTULAGEM

Em seu livro *Outsiders* (1963), Becker examina por que certos indivíduos e ações passam a ser rotulados como criminosos ou "desviados". Na visão dele, não existe um comportamento "desviante". Um ato só se torna desviante se indivíduos em condição de poder na sociedade, como juízes ou políticos, o rotularem como tal. Becker argumenta que, como as pessoas que estão no poder tendem a ser de classe média ou alta, elas costumam rotular negativamente os indivíduos de uma classe social mais baixa.

Crime e saúde

> Aos quinze anos, Becker trabalhava como pianista em clubes noturnos de Chicago, onde ele próprio pôde testemunhar que os músicos eram rotulados como *outsiders* na sociedade.

DO LADO DE FORA

Becker estava interessado nos efeitos de atribuir às pessoas o rótulo de *outsiders*. Ele acreditava que os indivíduos rotulados são mais propensos a se comportar de maneira desviada. Por exemplo, adolescentes que moram em áreas urbanas dominadas por gangues podem ser rotulados como "membros", ainda que não o sejam. Conviver com esse rótulo por um longo tempo, no entanto, pode aumentar as chances de os adolescentes se comportarem dessa forma para viver de acordo com o rótulo.

ARTISTAS SOLITÁRIOS

Becker discordava da opinião de que artistas, como músicos, dramaturgos e pintores, trabalham em isolamento, fora da sociedade "normal". Em seu livro *Mundos da arte* (1982), ele ressalta que são necessários muitos especialistas para produzir obras de arte. Os artistas confiam numa ampla rede de pessoas, incluindo outros artistas, fornecedores de materiais, distribuidores, críticos, galeristas e público, que, juntos, formam o mundo da arte.

DEIXANDO BEM CLARO

Ao longo de sua carreira docente, Becker incentivava seus alunos a explicar suas ideias de maneira clara e concisa. Ele criticava o fato de alguns sociólogos usarem uma linguagem complicada para apresentar as próprias pesquisas. Em seu livro de 1986, *Writing for Social Scientists*, Becker oferece aos estudantes e acadêmicos conselhos práticos sobre como escrever sobre sociologia de uma maneira legível e envolvente.

Quando tudo dá errado

Veja também: 24-25, 34-35

A SOCIEDADE EM QUE VIVEMOS FAZ UMA DIFERENÇA
SAÚDE e

COSTUMAMOS PENSAR EM SAÚDE EM TERMOS DO QUE FAZEMOS COM NOSSO CORPO: SE NOS EXERCITAMOS, O QUE COMEMOS E QUANTO FUMAMOS OU BEBEMOS. MAS O GRUPO SOCIAL AO QUAL PERTENCEMOS TAMBÉM AFETAM NOSSO BEM-ESTAR.

> PERMANECER À MARGEM DA SOCIEDADE PODE AUMENTAR OS RISCOS [...] VIVER EM GRUPOS SOCIAIS DE APOIO PODE SER UM MEIO DE SE PROTEGER.
> MICHAEL MARMOT, ORGANIZAÇÃO MUNDIAL DA SAÚDE

Padrões de saúde

A comida, a bebida e o exercício físico são, sem dúvida, elementos essenciais para a saúde, mas não são tudo. As razões de uma boa saúde são muito mais complexas do que isso. A parte principal está no tipo de sociedade em que vivemos e em nosso lugar nela. Se examinarmos dados de saúde, procurando padrões e tendências, o que encontraremos são diferenças entre sociedades e entre diferentes grupos dentro da mesma sociedade. De um modo geral, em países com maior igualdade social, as pessoas tendem a gozar de melhor saúde do que aquelas em países com menos igualdade. Os países nórdicos (Noruega, Suécia, Islândia e Finlândia), têm as maiores expectativas de vida. Podemos encontrar o motivo de tais diferenças examinando o modo de vida nesses países. Nas sociedades nórdicas, com sua ênfase maior na igualdade, existe um espírito de cooperação e de cuidado com o outro. Nos países de língua inglesa, as sociedades enfatizam o individualismo competitivo.

Crime e saúde

◉ **Segregado**
Ser visto negativamente por causa de grupos sociais ou origens étnicas pode ter um efeito prejudicial na saúde.

Veja também: 88-89, 94-95

SURPREENDENTE EM NOSSA SAÚDE.
igualdade

A expectativa de vida humana varia muito, de cerca de cinquenta anos nas nações mais pobres do mundo até bem acima dos oitenta anos nas mais ricas.

Saúde e status social
Há diferenças também dentro de uma sociedade, na qual a expectativa de vida e a incidência de doença são determinadas por grupos sociais. Indivíduos em posição inferior na escala social e membros de minorias étnicas tendem a ter uma saúde pior. Não se trata apenas de algumas pessoas escolherem não comer de forma saudável (ou não poderem pagar por uma alimentação saudável) nem de fazerem menos exercícios do que deveriam. A questão crucial é ter o poder e o controle para fazer a vida valer a pena. Somos obrigados a fazer escolhas, mas nem todos nós temos acesso aos mesmos recursos que nos permitem decidir o que queremos fazer ou ser. E isso depende da sociedade em que vivemos. Se você é pobre, é melhor ser pobre na Noruega do que pobre na Inglaterra. Pois na Noruega você terá mais recursos, não apenas dinheiro, mas de não ser visto negativamente. Você terá, portanto, segurança financeira e força emocional.

Pesquisas sobre a saúde de indivíduos de ascendência negro-caribenha nos Estados Unidos e na Inglaterra são outro exemplo de como o contexto nacional é importante. Embora tenham uma ancestralidade e uma cultura em comum, eles vivenciam a realidade de diferentes maneiras. Na Inglaterra, os caribenhos negros enfrentam mais estereótipos racistas negativos do que os caribenhos negros nos Estados Unidos, logo a saúde dos que vivem na Inglaterra é pior.

A igualdade faz bem para a saúde
Assim, embora comer de modo equilibrado e fazer exercícios seja importante, a influência mais fundamental sobre nossa saúde é a sociedade. Se todos vivessem em igualdade de condições, desfrutando de oportunidades iguais, a saúde melhoraria mais do que se todos começássemos a praticar esporte.

INADEQUAÇÃO

PROBLEMAS DE SAÚDE MENTAL SÃO CADA VEZ MAIS COMUNS EM NOSSO MUNDO AGITADO E ESTRESSANTE. NO REINO UNIDO, UMA EM CADA QUATRO PESSOAS TERÁ ALGUM TIPO DE PROBLEMA DE SAÚDE MENTAL NA VIDA, E NO GRUPO DE CINCO A DEZESSEIS ANOS, 10% TÊM PROBLEMAS DE SAÚDE MENTAL. OS SOCIÓLOGOS ACREDITAM QUE OS MAIS COMUNS, A DEPRESSÃO E A ANSIEDADE, SÃO RESPOSTAS À VIDA EM NOSSA SOCIEDADE COMPLEXA E EXIGENTE.

Obtendo um diagnóstico

A socióloga britânica Joan Busfield identificou maneiras pelas quais a sociologia pode ajudar a entender os aspectos das doenças mentais. Segundo ela, um número maior de comportamentos passou a ser considerado "anormal", quando poderia ser uma reação compreensível às dificuldades da vida. Ela afirma que os médicos prescrevem remédios porque carecem de treinamento específico para lidar com problemas de saúde mental. Ao contrário de uma doença física, como um tumor, não podemos usar raio X. Quando alguém recebe de um profissional de saúde um diagnóstico de doença mental, existe a possibilidade de que preconceitos e estereótipos sociais em relação a gênero, etnia, sexualidade e classe possam ter influenciado o que o paciente disse e a forma como suas palavras foram recebidas pelo profissional de saúde. Por exemplo, alguém pode descrever seus sentimentos dizendo "estou com um aperto no peito" ou "me sinto meio pra baixo", mas essas duas frases são metáforas e estão abertas a diferentes interpretações. Pode ser muito difícil descrever dificuldades emocionais, e as palavras usadas irão variar conforme a cultura e o grupo social.

Os efeitos da desigualdade

O que os estudos sociológicos revelam é que existe uma série de causas sociais para as doenças mentais. Os pesquisadores britânicos Richard Wilkinson e Kate Pickett, especializados nas conexões entre sociedade e saúde, afirmam em *O nível* (2009) que a saúde mental pode ser afetada pelas desigualdades de renda, ou seja, quanto maior a a diferença entre os mais ricos e os mais pobres, maior o nível de doenças mentais. Nas sociedades em que a renda é bastante desigual, há uma tendência de os indivíduos serem competitivos demais e

O APOIO DE AMIGOS E FAMILIARES PODE AJUDAR NA RECUPERAÇÃO.

POR QUE QUALQUER **OUTRO ÓRGÃO** DE SEU CORPO **PODE ADOECER** E VOCÊ CONTAR COM A **EMPATIA ALHEIA** [...]?

RUBY WAX, COMEDIANTE E ATIVISTA DE SAÚDE MENTAL

Crime e saúde

desdenharem das pessoas que estão sofrendo. Essas sociedades apresentam às pessoas demandas impossíveis, que implicam exibir uma vida perfeita, repleta de bens de consumo cobiçados, com uma família feliz e uma vida social igualmente invejável. Isso pode significar muita pressão.

Os efeitos do estigma

Outro problema enfrentado por pessoas com sofrimentos emocionais é o estigma. O sociólogo americano Erving Goffman, em seu livro *Estigma* (1963), mostra como as pessoas se esforçam para manter uma fachada de normalidade e evitar reações negativas quando desejam manter um segredo, como uma doença mental. Tal postura requer um planejamento exaustivo e gera um estresse psicológico adicional.

Em 2014, os sociólogos americanos Bruce Link e Jo Phelan descobriram que pessoas com doenças mentais são discriminadas, e que a realidade dessas doenças é mal compreendida, afetando a recuperação delas. Esses indivíduos podem ser vistos como preguiçosos, fracos ou perigosos. Talvez sejam isolados de seus amigos e familiares, que são importantes formas de apoio social, e sintam vergonha de sua doença.

> Cerca de 11% das pessoas nos EUA tomam antidepressivo diariamente.

O SOFRIMENTO MENTAL PODE SER RESULTADO DAS DEMANDAS DE NOSSA SOCIEDADE COMPLEXA E COMPETITIVA.

PASSAR POR UM PERÍODO DE DEPRESSÃO PODE SER UMA EXPERIÊNCIA SOLITÁRIA E ESTIGMATIZANTE.

Adoecendo
Quando o indivíduo adoece de depressão ou ansiedade, ele pode se sentir muito isolado e estigmatizado. Poucas pessoas entendem o que é realmente uma doença mental.

ALERTA DE SAÚDE
Em seu livro *Affluenza* (uma combinação de "afluência" com "influenza"), de 2007, o psiquiatra britânico Oliver James revela que a pressão social para alcançar a riqueza é ruim para a saúde mental. Ele escreve sobre Sam, um corretor de Nova York de 35 anos, que tem um apartamento planejado e um *chef* pessoal, que não é feliz apesar da riqueza: ele leva uma vida isolada e acha difícil estabelecer relacionamentos mais densos.

Quando tudo dá errado

SAÚDE MENTAL

Na época dos antigos gregos (por volta de 480 a.C.), já havia casos de depressão, que eles chamavam de melancolia. No século X, o estudioso persa Al-Akhawayn Bukhari descreveu uma variedade de problemas de saúde mental. Ele defendia a ingestão de certos alimentos e criava suas próprias receitas, usando plantas e ervas, para ajudar aqueles em sofrimento.

ANOMIA

Um conceito importante na sociologia está associado ao sociólogo francês Émile Durkheim e a seu livro *O suicídio*, de 1897. Anomia é a ideia de que algumas pessoas estão à deriva em relação ao resto da sociedade ou alheias a ela. A forma como o trabalho, em particular, é organizado indica que os indivíduos lutam para dar significado ao que fazem.

Crime e saúde
NA PRÁTICA

DESVIO

Em 1895, Émile Durkheim introduziu a ideia de desvio na sociologia. Sua observação foi que o desvio é relativo e depende do contexto. Por exemplo, até os anos 1960, as relações entre pessoas do mesmo sexo eram ilegais e consideradas desviantes nos Estados Unidos e no Reino Unido, enquanto no Brasil a homossexualidade foi legalizada em 1831.

SAÚDE

Foi a identificação de Talcott Parsons do "papel do doente", em 1951, que abriu o estudo da saúde para a sociologia. Ele introduziu a ideia de que estar doente é um papel com quatro expectativas sociais: ser isento dos deveres cotidianos; não ser responsável por estar doente; querer melhorar; buscar ajuda e cooperar na tentativa de melhorar.

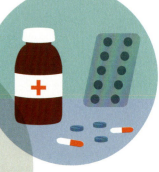

Crime e saúde

TENSÃO RACIAL

Um sinal de tensão racial nos Estados Unidos é o número de jovens negros que morreram como resultado de ações policiais. Segundo o *Washington Post*, 963 pessoas foram mortas pela polícia em 2016; 41% delas eram negras ou latinas, embora elas representem apenas 31% da população americana. Daqueles que estavam desarmados, 33% eram negros, embora eles sejam apenas 6% da população do país.

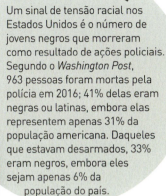

MEDICALIZAÇÃO

Uma tendência na saúde é o que os sociólogos chamam de "medicalização", ou seja, problemas cotidianos que antes eram considerados normais passaram a ser um assunto da alçada médica. A socióloga britânica Susie Scott, em *Shyness and Society* (2007), conta que condições como a timidez são vistas agora não como um traço de personalidade, mas como algo que requer medicação.

Às vezes, as coisas dão errado em nossa sociedade: as pessoas podem se comportar de maneiras que parecem estar fora de sintonia com o resto da sociedade e ser rotuladas como desviadas ou criminosas. O que a sociologia mostra é que nem sempre é o indivíduo que tem problema. Em muitos casos, a própria sociedade precisa mudar e ver as coisas sob outra perspectiva.

A TEORIA DAS JANELAS QUEBRADAS

Em 1982, os pesquisadores americanos James Wilson e George Kelling criaram a "teoria das janelas quebradas": se a polícia deixar pequenos delitos passarem impunes, isso levará a crimes mais sérios. Também chamada de policiamento com tolerância zero, a teoria fez parte da estratégia policial em Nova York em 1980, quando a polícia se concentrou nas pichações dos trens do metrô.

VIGILÂNCIA

Estamos acostumados a viver num mundo cercado por câmeras que acompanham tudo o que fazemos. O filósofo francês Michel Foucault, em *Vigiar e punir* (1975), foi um dos primeiros a identificar isso. Ele escreveu sobre como a vigilância "engana" as pessoas, que passam a se comportar direito por pensar que estão sendo observadas quando, na verdade, há pouca chance de que isso esteja acontecendo.

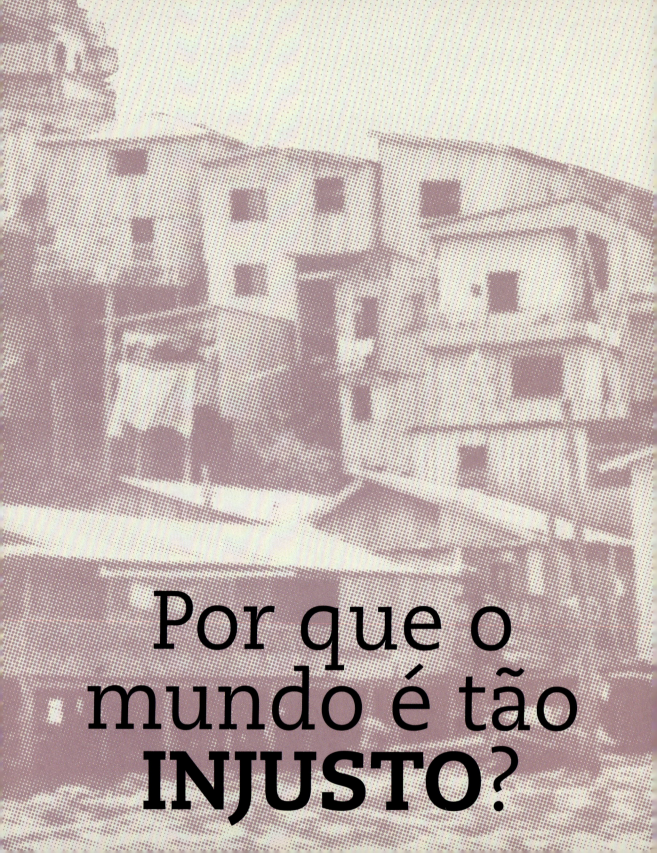

Super-RICO!

RIQUEZA e STATUS

A armadilha da POBREZA

De quem é a CULPA?

De onde vem o RACISMO?

Por que os países EM DESENVOLVIMENTO ainda não se desenvolveram?

A GLOBALIZAÇÃO é uma coisa boa?

GLOCALIZAÇÃO

Qual é o nosso IMPACTO no PLANETA?

Muitos sociólogos estudaram as razões das desigualdades em nosso mundo e o motivo por que alguns países são bem mais ricos e bem-sucedidos que outros. As respostas podem estar na economia global e na forma como as empresas multinacionais operam. A globalização do comércio e da indústria aumentou as oportunidades de trabalho no mundo todo, mas não beneficia igualmente todas as nações em termos de dinheiro e status.

Super-RICO!

SER RICO NÃO É O QUE COSTUMAVA SER. HÁ MAIS MILIONÁRIOS DO QUE NUNCA NO MUNDO. ENTRETANTO, HÁ TAMBÉM UM NOVO TIPO DE RIQUEZA, A DOS CHAMADOS "SUPER-RICOS", COM UMA FORTUNA CALCULADA EM BILHÕES EM VEZ DE MILHÕES. COMO ESSAS PESSOAS FICARAM TÃO RICAS ASSIM?

As pessoas mais ricas do mundo

Em 2016, havia, segundo as estimativas, 4.458.000 milionários nos Estados Unidos. Ser um milionário no mundo de hoje é muito mais comum do que costumava ser. A instituição beneficente Oxfam, em relatório sobre desigualdade de 2014, revelou que a fortuna dos mais ricos do mundo, que representam 1% da população, chega a US$ 100 trilhões. Se olharmos para alguns dos indivíduos mais ricos do mundo, segundo a *Forbes*, encontraremos pessoas como Amancio Ortega, o proprietário da rede Zara, com um patrimônio pessoal de US$ 67 bilhões, ou Warren Buffett, o financista americano, cujo patrimônio líquido é de pouco mais de US$ 60 bilhões, ao lado de Jim Walton, da rede Walmart, com patrimônio líquido de US$ 33,6 bilhões. Talvez seja difícil entender o que esse tipo de riqueza de fato significa, uma vez que os números são tão exorbitantes. Para termos uma ideia, podemos pensar no prêmio semanal da loteria nacional do Reino Unido, que é de aproximadamente £ 14 milhões. Agora, imagine que as pessoas mais ricas do Reino Unido, os irmãos Reuben, com um patrimônio líquido de £ 13,1 bilhões, ganharam o prêmio. Isso seria como se alguém com £ 13.100 ganhasse £ 14.

> A Oxfam descobriu que oito indivíduos possuem o mesmo que metade da população mundial.

BILIONÁRIOS

OS SUPER-RICOS, QUE REPRESENTAM 1% DA POPULAÇÃO, TÊM UMA FORTUNA DE MAIS DE US$ 100 TRILHÕES

Veja também: 34-35, 62-63, 86-87

Riqueza e desenvolvimento

Tornando-se super-rico

Como é que essa super-riqueza surgiu? O economista francês Thomas Piketty escreveu em 2014 que ela não é conquistada, como poderíamos imaginar no caso de um empreendedor construindo um negócio do zero — geralmente é herdada. Jim Walton e sua família nos Estados Unidos são um exemplo dessa tendência, herdando sua riqueza das

> A RIQUEZA É AGORA COISA HONROSA INTRINSECAMENTE E CONFERE HONRA AO SEU POSSUIDOR.
> THORSTEIN VEBLEN, ECONOMISTA E SOCIÓLOGO AMERICANO

gerações anteriores. Uma exceção seriam os vários gigantes da tecnologia que podem se tornar super-ricos da noite para o dia. Mark Zuckerberg, do Facebook, tem um patrimônio líquido de US$ 44,6 bilhões. Portanto, a menos que você nasça em berço de ouro, se case com alguém rico ou seja um gênio da tecnologia, entrar no mundo dos super-ricos é, no mínimo, difícil.

Riqueza atrai riqueza

Em *Why We Can't Afford the Rich* (2014), o sociólogo britânico Andrew Sayer defende a ideia de que grande parte desse dinheiro também é obtida por meio de acordos financeiros, como a venda de ações e títulos. Segundo ele, devemos parar de usar verbos enganosos como "conquistou" ao discutir a riqueza dos super-ricos, porque suas fortunas existentes aumentam só com juros acumulados, sem que eles tenham que fazer esforço de fato. O sociólogo francês Löic Wacquant é outro que tentou entender a desigualdade. Segundo ele, as políticas governamentais em muitos países de tecnologia avançada favorecem os muito ricos, cortando os impostos que eles pagam.

Ser rico hoje em dia significa pertencer a um pequeno grupo. Cabem ainda perguntas sobre a utilidade de ter poucas pessoas tão ricas na sociedade, enquanto muitas outras lutam para se sustentar.

Veja também: 96-97, 100-101

LUTANDO PARA VIVER

Nos anos 1990, a jornalista Barbara Ehrenreich foi explorar a vida dos assalariados de baixa renda nos Estados Unidos trabalhando, disfarçada, por um salário mínimo. Em *Miséria à americana*, ela escreve sobre a vida desses trabalhadores, pessoas que trabalham o máximo de tempo que conseguem, até em mais de um emprego, o que gera graves impactos em sua saúde e vida familiar.

Riqueza em excesso
Os estilos de vida dos super-ricos estão deixando o resto de nós cada vez mais para trás. A desigualdade está aumentando no mundo todo, o que significa que uma quantidade maior de riqueza fica restrita a cada vez menos pessoas.

Por que o mundo é tão injusto?

Riqueza e

O STATUS SOCIAL PODE VIR DO SUCESSO E DA RIQUEZA. ÀS VEZES, ESSE SUCESSO VEM DO TRABALHO DURO E DO TALENTO, OUTRAS, DE RIQUEZA HERDADA OU DA FAMA. NO ENTANTO, O STATUS É IMPORTANTE, E MUITOS DE NÓS TENTAMOS COPIAR O QUE AS PESSOAS DE ALTO STATUS FAZEM OU VESTEM.

> Artigos de luxo que se tornam mais cobiçados à medida que o preço aumenta são conhecidos como "bens de Veblen".

Ganhando status

Em nossa sociedade, indivíduos como estrelas do esporte, cantores e atores têm riqueza e status. O status está vinculado à posição e ao prestígio na sociedade, os quais costumam resultar da riqueza e do poder, mas também podem ser alcançados por outros meios, como pela conquista pessoal. Outros indivíduos, como primeiros-ministros ou presidentes e escritores, têm status por suas realizações e sua influência, embora não sejam especialmente ricos. É discutível se as celebridades do esporte e os artistas de hoje produzem algo benéfico para a sociedade: alguns diriam que eles proporcionam entretenimento e inspiração; outros, que eles contribuem muito pouco. Como consequência, o status pode vir do sucesso, não da criação de algo que ajude significativamente a sociedade.

Consumismo ostentatório

No final do século XIX, o sociólogo americano Thorstein Veblen escreveu sobre a nova sociedade de consumo que viu se desenvolvendo ao seu redor. Ele percebeu que as pessoas estavam começando a usar bens de consumo para chamar a atenção para si mesmas, a fim de mostrar que eram melhores e mais ricas do que outras. Em *A teoria da classe ociosa* (1899), Veblen apresentou a ideia de "consumismo ostentatório". De acordo com essa importante teoria, uma nova classe social, a classe executiva, que ganhara dinheiro estabelecendo fábricas durante a Revolução Industrial, gastava

> OS INDIVÍDUOS [...] PROCURAM [...] OBTER A ESTIMA E A INVEJA DE SEUS SEMELHANTES.
>
> THORSTEIN VEBLEN, ECONOMISTA E SOCIÓLOGO AMERICANO

esse dinheiro como uma forma de exibir seu status, e isso, por sua vez, influenciava pessoas de classe social inferior na sociedade. No século XIX, os ricos demonstravam seu status passando longos períodos em casas de campo, viajando para o exterior ou não fazendo muita coisa. Eles eram a "classe ociosa", que não precisava trabalhar. A nova classe executiva vivia e trabalhava na cidade e não tinha o mesmo tempo da nobreza rural para se dedicar ao lazer. Eles precisavam de outra forma para mostrar seu status, riqueza e poder, e conseguiram isso gastando em produtos de luxo,

Riqueza e desenvolvimento

STATUS

particularmente roupas que não eram nem práticas nem essenciais, mas que simbolizavam seu sucesso. De importância crítica para Veblen era o impacto desse processo sobre os indivíduos mais abaixo na escala social. Ele observou que as pessoas eram influenciadas pelas ações da classe executiva. Os mais pobres e menos bem-sucedidos que os donos de empresas tentavam copiar o que a classe executiva comprava, na esperança de que, adquirindo os mesmos bens de consumo e imitando os mais ricos, pudessem elevar seu próprio status, como se dissessem: "Olhe para mim: eu sou igual às melhores pessoas da sociedade!".

Serviço ao próximo

Outro sociólogo que analisou esse assunto foi o alemão Max Weber. Ele concordava que dinheiro e poder eram importantes na construção do status de um indivíduo na sociedade, mas observou também que pessoas que não eram ricas poderiam alcançar um status social elevado. Líderes religiosos, como ministros ou padres, não são bem remunerados, mas têm o respeito de sua comunidade porque realizam um trabalho que envolve autossacrifício e serviço ao próximo.

STATUS DESLIZANTE

O status também pode funcionar ao contrário. Existem grupos de pessoas que têm dinheiro e poder, mas não têm o status social correspondente. Uma consequência da crise econômica de 2008 e da recessão foi que o status social dos banqueiros caiu. Em vez de serem vistos como guardiões confiáveis das economias das pessoas, eles foram criticados por serem gananciosos e incompetentes.

Veja também: 100-101, 119

Macacos de imitação

Aqueles que estão mais abaixo na escala social tentam copiar o estilo dos ricos e bem-sucedidos, mesmo que não consigam comprar o mesmo item.

A armadilha da

> De uma população global de mais de 7 bilhões de pessoas, cerca de 3 bilhões vivem em algum nível de pobreza.

NENHUM LUGAR DO MUNDO ESTÁ LIVRE DA POBREZA. ALGUMAS SOCIEDADES TÊM OS MEIOS PARA MELHORAR AS CONDIÇÕES DOS POBRES, OUTRAS NÃO. ENTRETANTO, MESMO NAS NAÇÕES MAIS RICAS, AS PESSOAS ESTÃO PRESAS NA POBREZA, PORQUE BARREIRAS COMO IDADE, GÊNERO E ESCASSEZ DE TRABALHO IMPEDEM SUA ASCENSÃO.

Na armadilha

A "armadilha da pobreza" é um termo muito usado para descrever a situação de pessoas que não conseguem, por algum motivo, deixar de ser pobres. Não importa quanto o mundo enriqueça: um número considerável de pessoas vive em dificuldade. A sociologia reconhece dois graus de pobreza: a absoluta e a relativa.

Pobreza absoluta

Quando as pessoas lutam para conseguir os itens básicos da vida, como comida, roupa e um teto, dizemos que elas estão em "pobreza absoluta". Essa condição é mais comumente associada às chamadas nações de baixa renda e de renda média ou sociedades que entraram em colapso por causa de guerras ou de crises políticas, ambientais ou econômicas. O Banco Mundial define pobreza absoluta como viver com menos de US$ 1,90 por dia. Com base nessa medida, as estatísticas de 2013 mostram que 10,7% da população mundial pode ser incluída na categoria.

Pobreza relativa

A outra categoria é a "pobreza relativa". As pessoas têm o básico da vida: moradia, roupa e comida, mas vivem em padrões mais baixos do que o esperado em sua sociedade. Isso significa que o que define a pobreza difere de sociedade para sociedade. Por exemplo, em países de alta renda (que costumavam ser chamados de países desenvolvidos), pobreza relativa pode significar que o indivíduo tem alguns bens de consumo, como televisão ou telefone celular, mas ainda é visto como vivendo na pobreza.

Riqueza e desenvolvimento

POBREZA

Uma mudança de atitude?

Há muita discussão sobre como lidar com a pobreza e como libertar as pessoas da armadilha da pobreza. Um ponto de vista, popularizado pelo sociólogo americano Charles Murray na década de 1980, concentra-se na atitude das pessoas pobres. Segundo Murray, os pobres supostamente gostam de benefícios sociais e não têm nenhuma inclinação para trabalhar. Então, diz a teoria, para acabar com a pobreza, precisamos fazer com que os pobres mudem sua maneira de pensar e parem de ter preguiça de trabalhar. O político americano Paul Ryan repetiu essa visão em 2012, quando disse que a "rede de segurança" dos benefícios nos Estados Unidos estava se tornando uma "rede de descanso", onde as pessoas ficavam felizes de passar o tempo à toa, sem fazer nada para escapar da pobreza.

Sem saída

Muitos comentaristas acreditam que as razões para a pobreza estão na forma como a sociedade está estruturada. E por mais que o indivíduo se esforce, talvez não seja possível, para ele, escapar da pobreza. Talvez ele enfrente barreiras para conseguir um emprego por causa da idade, etnia ou gênero. Ou pode ser que a economia geral esteja tendo um desempenho ruim. Uma tendência recente no mercado de trabalho tem sido o aumento do trabalho instável e mal remunerado, que não gera renda suficiente para elevar o padrão de vida da pessoa. Os sociólogos continuam pesquisando como acabar com o círculo vicioso da pobreza.

EXPERIMENTO FINLANDÊS

Em 2017, um experimento teve início na Finlândia, com o objetivo de diminuir a pobreza. Dois mil desempregados, sorteados pelo governo, passaram a receber uma renda mensal de € 560 em vez de benefícios estatais. Qualquer quantia que eles ganharem além disso, podem ser mantidas sem que se perca a renda básica. Assim, prova-se que até empregos mal remunerados fazem diferença.

Veja também: 100-101, 104-105

Preso numa rede

Alguns países têm uma "rede de segurança" de benefícios para impedir que as pessoas mergulhem mais na pobreza. Essa rede tem sido descrita como "rede de descanso", a armadilha da qual é impossível escapar.

EM CONDIÇÃO DE POBREZA, AS PESSOAS USAM SUAS HABILIDADES PARA NÃO PASSAR FOME, NÃO PARA PROGREDIR.
HANS ROSLING, MÉDICO E ESTATÍSTICO SUECO

Por que o mundo é tão injusto?

De quem é a CULPA?

DE QUEM É A CULPA SE ALGUÉM É POBRE: DA PRÓPRIA PESSOA OU DA SOCIEDADE? ESSA É UMA QUESTÃO IMPORTANTE PARA OS SOCIÓLOGOS, POIS PÕE EM XEQUE AS IDEIAS SOBRE AS ESCOLHAS DAS PESSOAS E AS RESPONSABILIDADES DA SOCIEDADE, FAZENDO-NOS PENSAR EM QUANTO CONTROLE REALMENTE TEMOS SOBRE NOSSA VIDA.

INTELIGÊNCIA E TRABALHO DURO PODEM NÃO SER SUFICIENTES PARA SE TER SUCESSO NA VIDA.

Estrutura e agência

Se alguém é pobre, a culpa é dele ou da sociedade? Essa é uma grande questão na sociologia e nos leva a pensar no que os sociólogos chamam de "estrutura" e "agência". Estrutura, ou mais precisamente estruturas sociais, são os aspectos da vida que estão além do controle do indivíduo, como classe, gênero, sexualidade e etnia. Agência (capacidade de agir) são as decisões que o indivíduo toma em relação à sua vida, ou seja, o que ele escolhe fazer. De uma perspectiva de agência, as decisões, as habilidades e o esforço que alguém coloca na vida são o que molda suas circunstâncias. Os sociólogos Kingsley Davis e Wilbert Moore, dos Estados Unidos, adotaram esse ponto de vista na década de 1940. Eles estavam interessados em saber por que certas pessoas alcançam determinadas posições na sociedade. Para eles, a resposta é clara: a posição das pessoas na vida é resultado de suas habilidades (inteligência e trabalho duro, entre outras) e das escolhas que elas fazem. Os benefícios da sociedade (altos salários e status social) são, portanto, concedidos àqueles que mais os merecem.

Veja também: 36-37, 48-49, 94-95

GUARDE SUAS MOEDAS. EU QUERO MUDANÇA!

BANKSY, ARTISTA BRITÂNICO

Oportunidades iguais?

A maioria dos sociólogos, porém, considera as estruturas sociais, que estão além do controle do indivíduo, responsáveis pela posição que as pessoas alcançam na vida. Eles dizem que a ideia de agência pressupõe que todos têm acesso às mesmas oportunidades e recursos, e, portanto, qualquer diferença no resultado depende das escolhas que os indivíduos fazem. No entanto, isso está longe de ser o caso. O acesso a oportunidades e recursos sofre uma variação enorme de uma pessoa para outra. As diferenças de oportunidade dependem de onde o indivíduo está localizado na estrutura social. Quando a sociedade é analisada, certos padrões aparecem repetidas vezes: indivíduos de minorias ou grupos desfavorecidos são impedidos e frustrados em suas tentativas de ter sucesso na vida.

Riqueza e desenvolvimento

ESCOLAS SELETAS
Pesquisas mostram que os executivos das principais empresas multinacionais tendem a ter formação do mesmo pequeno grupo de escolas e universidades de elite. Essas universidades incluem as de Oxford e Cambridge no Reino Unido; Harvard, Berkeley e Stanford nos Estados Unidos, e a HEC Paris na França.

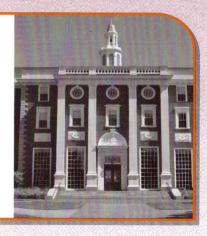

Difícil subir
Os sociólogos divergem quanto à possibilidade de sair da classe social em que nascemos. Alguns acreditam que o trabalho duro e o talento serão suficientes, mas muitos outros acham que tais oportunidades são raras.

trabalhadora. O sociólogo francês Pierre Bourdieu identificou um dos fatores responsáveis por essa situação desigual. Ele enfatizou a importância do que chamou de "capital social", ou os valiosos contatos que as pessoas têm que poderiam ajudá-las a conseguir um bom emprego. Pessoas de classe média são mais propensas a ter o capital social que as ajudará, com a família, a ter êxito na vida. Por exemplo, os pais de um estudante de classe média que não está indo bem na faculdade podem ter um amigo que administra um negócio e que ajudará seu filho a conseguir um emprego. Mais abaixo na escala social, esse tipo de capital social, tão útil, é menos provável de ser encontrado.

Conexões úteis
Estudos demonstraram que alguns indivíduos têm acesso a melhores oportunidades graças à posição social do pai. Isso significa que uma pessoa nascida numa família rica tem boas chances de ficar igualmente rica. É raro também que uma pessoa de classe média, mesmo com maus resultados na escola, desça na escala de classe para se tornar parte da classe

> Os salários do trabalhador médio nos EUA não aumentaram com o tempo. Eles compram hoje o mesmo que compravam em 1979.

Um problema maior
Uma das razões pelas quais muitas pessoas gostam de atribuir ao indivíduo a responsabilidade por seu sucesso ou fracasso é que isso oculta o papel da sociedade. Talvez seja mais fácil culpar o indivíduo do que observar como as pessoas podem ser prejudicadas pelos sistemas.

Veja também: 124-125, 126-127

Por que o mundo é tão injusto?

De onde vem o

O DESENVOLVIMENTO DO RACISMO SEGUE UM DOS CAMINHOS MAIS SANGRENTOS E BÁRBAROS DA HISTÓRIA HUMANA. CRENÇAS E IDEIAS NASCIDAS NAS *PLANTATIONS*, CULTIVADAS POR ESCRAVOS, DOS COLONIALISTAS EUROPEUS DO SÉCULO XVIII, PERMANECEM ENRAIZADAS NA SOCIEDADE ATUAL. O RACISMO MUDOU COM O TEMPO, MAS AINDA AFETA A VIDA DE GRUPOS MINORITÁRIOS EM MUITAS PARTES DO MUNDO.

Olhando para o racismo

O primeiro afro-americano a obter um doutorado na Universidade Harvard, o sociólogo W. E. B. Du Bois, observou em 1897 que os negros sentem uma "[...] dualidade — um lado americano, um lado negro; duas almas, dois pensamentos, dois esforços irreconciliáveis; dois ideais em guerra em um só corpo escuro [...]". Ele estava refletindo sobre as experiências de racismo dos afro-americanos e sobre como é não se sentir totalmente parte da sociedade. Du Bois também estava interessado na forma como o racismo se desenvolveu nos Estados Unidos. Parte de seus estudos demonstrou que o comércio atlântico de escravos teve uma influência central no surgimento do racismo moderno.

A ONU estima que, hoje em dia, 21 milhões de pessoas trabalham em alguma forma de escravidão moderna.

A SOCIEDADE AINDA NÃO ESTÁ LIVRE DO RACISMO

Seguindo em frente
Precisamos nos livrar inteiramente dos grilhões do racismo, para que as sociedades possam seguir em frente e se desenvolver de maneiras melhores.

Poder colonial

As origens históricas e sociais do racismo moderno estão na expansão do colonialismo europeu e no surgimento do capitalismo nos séculos XVII e XVIII. Nessa época, muitas nações, como Grã-Bretanha, Espanha, Portugal e França, estavam expandindo seus impérios, fundando colônias na África e na América. Uma das razões para essa ascensão do colonialismo foi a imensa riqueza prometida pelo cultivo de açúcar, tabaco e algodão. Mas existia um problema para os expansionistas: não havia pessoas suficientes

Veja: 24-25, 26-27, 38, 91

RACISMO?

> **AQUELES QUE NEGAM LIBERDADE AOS OUTROS NÃO A MERECEM PARA SI MESMOS.**
> ABRAHAM LINCOLN, PRESIDENTE AMERICANO, 1859

para trabalhar nas enormes *plantations* onde os produtos lucrativos eram cultivados. A solução para essa escassez de mão de obra foi a escravidão.

Carga humana

A prática de ter pessoas como propriedade já existia havia milhares de anos. A escravidão, comum na Roma Antiga e na Babilônia, se estabelecera na África muito tempo antes, com os africanos escravizando outros africanos. Mas o tráfico de escravos do século XVIII se deu numa escala bem mais ampla, industrial e brutal do que qualquer coisa jamais vista. Entre 12 e 15 milhões de africanos foram enviados à força através do Atlântico, o que fazia parte de um sistema chamado "comércio triangular". Os navios deixavam a Inglaterra abastecidos com mercadorias, como rum e têxteis, para negociar com traficantes de escravos na África Ocidental. Então, zarpavam para as Américas, com uma carga de escravos, que eram tratados como meros "bens" e vendidos na chegada. Os navios voltavam para a Inglaterra com algodão, açúcar e tabaco colhidos das *plantations* cultivadas por escravos.

A invenção da desigualdade

Como os comerciantes de escravos poderiam justificar-se moralmente? Nos primórdios, haviam sido usadas razões religiosas: os africanos não eram cristãos, por isso podiam ser escravizados. Mas e se os escravos se tornassem cristãos, como aconteceu? Surgiu uma justificativa mais brutal: de que africanos negros eram, de alguma forma, inferiores aos europeus brancos, e, portanto, era permitido tratá-los sem dignidade. Tais ideias se espalharam pela Europa, onde supostos cientistas, como o francês Arthur de Gobineau, publicaram trabalhos "provando" a desigualdade racial. Hoje, a ideia da superioridade branca foi substituída por algo mais sutil. O sociólogo britânico Paul Gilroy, em seus estudos nos anos 1980, observou que o racismo moderno era expresso não em termos biológicos, mas em termos culturais. Ele concluiu que a sociedade devia parar de considerar a raça uma forma de identificação.

Veja também: 104-105, 106-107

UNDERGROUND RAILROAD

Nas *plantations* do Sul dos Estados Unidos, no século XIX, os escravos eram vistos como posses, não como pessoas. A única chance de liberdade era fugir para o Norte. Uma rede secreta chamada Underground Railroad pode ter ajudado 100 mil escravos a escapar. A fugitiva Harriet Tubman (à direita) foi a mais famosa dos "condutores da ferrovia", que ajudavam as pessoas durante a fuga.

Por que o mundo é tão injusto?

Por que os países EM DESENVOLVIMENTO ainda não se desenvolveram?

POR QUE ALGUNS PAÍSES NÃO CONSEGUEM ALCANÇAR AS ECONOMIAS DESENVOLVIDAS DA EUROPA OCIDENTAL E DOS EUA? SEGUNDO O SOCIÓLOGO IMMANUEL WALLERSTEIN, NÃO É PORQUE ESSES PAÍSES NÃO SÃO CAPAZES DE TER SUCESSO, MAS PORQUE EXISTE UM SISTEMA MUNDIAL QUE OS DISCRIMINA.

Os Objetivos de Desenvolvimento Sustentável da ONU visam 2030 como meta para que todos tenham educação, saúde, bem-estar e moradia decentes.

Um sistema desigual

Em *O sistema mundial moderno* (1974), o sociólogo americano Immanuel Wallerstein apresentou uma explicação ousada sobre as razões por que alguns países não alcançaram o mesmo nível de desenvolvimento de outros. Seu argumento central é que o mundo está preso a um sistema que cria relações desiguais entre as nações, inclusive relações de exploração. Não se trata de os países serem incapazes de se desenvolver, mas eles são refreados por um sistema econômico que gera uma situação de desigualdade semelhante a um sistema de classes. As origens dessas relações desiguais estão no expansionismo colonial das nações europeias no século XVI. Foi nessa época que Holanda, França e Reino Unido estabeleceram relações comerciais com países do mundo todo usando navios e seu poder militar superiores em benefício próprio. A desigualdade continua hoje com a disseminação da globalização, que favorece os países mais prósperos em detrimento dos países mais pobres.

OS PAÍSES PERIFÉRICOS SÃO POBRES. EM SUA MAIORIA, SÃO NAÇÕES AGRÍCOLAS, QUE FORNECEM MATÉRIAS-PRIMAS E MÃO DE OBRA BARATA PARA OUTROS PAÍSES.

OS PAÍSES DA SEMIPERIFERIA SÃO INDUSTRIALIZADOS E APRESENTAM DESENVOLVIMENTO. ELES PODEM SER PAÍSES CENTRAIS EM DECLÍNIO OU JÁ TER SIDO NAÇÕES PERIFÉRICAS.

NAÇÕES PERIFÉRICAS   **NAÇÕES SEMIPERIFÉRICAS**

Riqueza e desenvolvimento

Três posições no sistema

Segundo Wallerstein, os países podem ocupar três posições. Os mais poderosos formam o que ele chama de "centro" do sistema mundial. São países desenvolvidos e avançados em termos tecnológicos, como os Estados Unidos, o Canadá e o Japão. O núcleo contrasta com a "periferia", que inclui países pobres, com menor estabilidade política, carentes de indústrias tecnológicas e dependentes de mão de obra barata. Por fim, há um terreno intermediário, a "semiperiferia", que engloba os países situados em algum lugar entre o centro e a periferia. Eles não são ricos, mas escaparam da pobreza das nações periféricas. Podem exercer algum poder, embora não na mesma proporção que as nações centrais.

Não um estado fixo

Wallerstein entende que o mundo é dinâmico e que os países podem se mover entre as diversas posições. É, portanto, uma questão de julgamento a posição que alguns países podem ocupar em sua teoria. Os Estados Unidos estão facilmente no centro, assim como as nações da Europa Ocidental. Na virada deste século, a China teria ficado na periferia, mas agora está na semiperiferia e continua se movendo em direção ao centro. Outras nações, incluindo o Brasil, a Rússia e a Índia, também se desenvolveram rapidamente nos últimos vinte anos. O sociólogo britânico Roland Robertson fez alguns críticas à teoria de Wallerstein. Segundo ele, o foco na economia leva a uma compreensão limitada do poder. Alguns países têm impacto cultural e ganham destaque dessa forma.

A ASCENSÃO DA CHINA

O sociólogo italiano Giovanni Arrighi sugeriu, em seu livro *Adam Smith em Pequim* (2007), que, com a ascensão da China, os Estados Unidos se afastariam ainda mais de seu papel global de liderança. Esse movimento não necessariamente fará com que a China substitua os Estados Unidos, mas criará um mundo com vários poderes econômicos, culturais e militares dominantes.

Veja também: 102-103, 106-107, 108-109, 110-111

- **Um sistema mundial**
  Os países podem ocupar três posições, de acordo com o sistema mundial de Wallerstein: a periferia, a semiperiferia ou o centro.

OS PAÍSES DO CENTRO SÃO RICOS. ELES SE DESTACAM NAS INDÚSTRIAS TECNOLÓGICAS E TÊM MUITO CAPITAL PARA INVESTIR, O QUE OS TORNA DOMINANTES NO MUNDO.

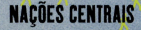

NAÇÕES CENTRAIS

Por que o mundo é tão injusto?

BOAVENTURA DE SOUSA SANTOS

1940-

O sociólogo português Boaventura de Sousa Santos é professor de sociologia na Universidade de Coimbra, em Portugal, e professor visitante na Universidade de Wisconsin-Madison, nos Estados Unidos. Ele é conhecido por seu trabalho sobre democracia, globalização e direitos humanos. Sousa Santos é particularmente crítico em relação à forma como a sociedade ocidental dominou as questões sociais e políticas globais, excluindo as visões dos países mais pobres do mundo.

A VIDA NAS FAVELAS

Nascido em Coimbra, Portugal, Sousa Santos cursou direito na Universidade de Coimbra. Ao completar seus estudos de pós-graduação na Universidade Yale, nos Estados Unidos, ele desenvolveu um interesse pela sociologia. Como parte de seu trabalho de campo, passou vários meses morando nas favelas do Rio de Janeiro, no Brasil. Foi nessa época que se interessou pelos valores e pelas experiências das comunidades que vivem em áreas muito carentes.

UM MUNDO DIVIDIDO

Boaventura escreveu inúmeros livros e artigos sobre epistemologia, o estudo do conhecimento (da palavra grega *episteme*, que significa "conhecimento"). Segundo ele, o mundo está dividido não só pela política e pela economia, mas também pelo conhecimento e pelas ideias. Ele argumenta que as regiões mais ricas e desenvolvidas do "norte global", a parte norte do globo, ignoraram completamente as visões e o conhecimento do "sul global", mais pobre.

Em 2001, Boaventura fundou o Fórum Social Mundial, organização que promove a justiça econômica e social em âmbito global.

Riqueza e desenvolvimento

> "O que não pode ser **dito**, ou dito claramente, em um **idioma** ou **cultura** pode ser dito, e dito claramente, em **outro** idioma ou cultura."

RESPEITO MÚTUO

Grande parte dos textos de Boaventura se concentra nas formas como a globalização levou à desigualdade social, à corrupção governamental e aos danos ambientais. No entanto, em muitos países onde esses problemas são comuns, as ideias e experiências das comunidades locais são ignoradas. Boaventura acredita que a igualdade global só pode ser alcançada quando houver "justiça cognitiva", ou seja, respeito mútuo por diferentes formas de conhecimento.

ECOLOGIA DO CONHECIMENTO

Boaventura fez uma ampla campanha pela "ecologia do conhecimento" global, na qual diferentes países compartilham seus conhecimentos e experiências para lidar com os problemas da globalização. Ele argumenta que, por muito tempo, o Ocidente considerou seu conhecimento científico superior a todos os demais tipos de conhecimento. Para que uma ecologia do conhecimento realmente floresça, as visões e ideias de todas as culturas devem ter igual valor e reconhecimento.

Por que o mundo é tão injusto?

A GLOBALIZAÇÃO é uma coisa boa?

A GLOBALIZAÇÃO É O PROCESSO PELO QUAL POLÍTICA, ECONOMIA, COMÉRCIO, INDÚSTRIA, CULTURA E COMUNICAÇÃO SE INTERCONECTAM. O QUE NINGUÉM PODERIA PREVER HÁ ALGUMAS DÉCADAS É A RAPIDEZ COM QUE ESSE PROCESSO SE ACELERARIA. OS SOCIÓLOGOS ESTÃO TENTANDO EXPLICAR O QUE A GLOBALIZAÇÃO PODE SIGNIFICAR PARA TODOS NÓS.

Os materiais para fabricar uma calça jeans podem vir de dez ou mais países.

Fora de controle
De acordo com o sociólogo britânico Anthony Giddens, a globalização é como um "rolo compressor desgovernado". Antes, o motorista do rolo compressor (empreendimento humano) estava no controle. Mas agora o rolo compressor (a globalização) ganhou velocidade e força própria. O motorista perdeu o controle. O melhor que podemos esperar é que não haja uma catástrofe de proporções planetárias, como danos ambientais irreversíveis por causa do excesso de industrialização.

Capitalismo positivo?
O teórico econômico Immanuel Wallerstein está entre aqueles que acreditam que a busca incessante do lucro levou à disseminação do capitalismo em escala global. Basicamente, quando as pessoas num país querem expandir seus negócios para outras partes do mundo, elas estão pensando não em globalização, mas em novos mercados e no aumento do lucro. Qualquer impacto local que seu negócio possa ter é, em grande parte, não intencional. O sociólogo americano Milton Friedman via a globalização de maneira positiva. O comércio capitalista internacional e nacional, segundo ele, levará a melhores condições de vida, à distribuição mais justa da riqueza e a níveis mais altos de conforto material para todos. Mas nem todo mundo concorda com isso.

O poder das corporações transnacionais
De acordo com o sociólogo polonês Zygmunt Bauman, a globalização, junto com a disseminação do capitalismo, não conduz ao aumento dos padrões de vida da maioria das pessoas. Na verdade,

A GLOBALIZAÇÃO NÃO DÁ NENHUM SINAL DE QUE ESTÁ DESACELERANDO.

Riqueza e desenvolvimento

> **OPOR-SE À GLOBALIZAÇÃO É COMO OPOR-SE ÀS LEIS DA GRAVIDADE.**
>
> KOFI ANNAN, SECRETÁRIO-GERAL DA ONU, 1997-2006

aumenta a insegurança financeira, o índice de desemprego e a competição perniciosa. Na opinião de Bauman, um desenvolvimento central nesse estado de coisas é o crescimento das corporações transnacionais (CTNs). Essas vastas operações abrangem o mundo, decidindo onde construir fábricas de produção, pontos de distribuição e pontos de venda em dezenas de países. O poder das empresas transnacionais enfraquece o poder dos governos nacionais de controlar suas próprias fortunas econômicas e políticas.

"O espaço de fluxos"

A globalização das tecnologias baseadas na internet é o foco do sociólogo espanhol Manuel Castells. Ele chama o ambiente on-line de "o espaço de fluxos", um espaço no qual pessoas, bens e informações não param de se mover, ou fluir, pelo mundo. Um número cada vez maior de transações ocorre no espaço de fluxos, incluindo relacionamentos via mídias sociais, além de atividades on-line como reservas de hotel para feriados, compras de mercadoria, *e-banking* e assim por diante. No início, Castells via o espaço de fluxos como algo que funcionava apenas para grupos de elite. Mas ele reconhece que a internet agora se abriu para pessoas menos privilegiadas. Ironicamente, essas pessoas veem o espaço de fluxos como uma arena importante para aumentar a conscientização, entre outras coisas, dos efeitos prejudiciais da globalização nos ecossistemas do mundo.

Veja: 104-105, 110-111, 116-117

◀ **A todo vapor**
A globalização está além do controle de qualquer indivíduo ou nação. É uma força poderosa que está remodelando o mundo, mas os sociólogos não sabem se isso é bom ou ruim.

COMÉRCIO JUSTO

No mundo em desenvolvimento, os produtores de bens voltados ao mercado global geralmente não recebem um preço justo por seus produtos ou mão de obra, nem lucram o suficiente para manter suas famílias. Na década de 1960, teve início o movimento Fair Trade [Comércio Justo], com o objetivo de ajudar os comerciantes nas sociedades mais pobres a ganhar salários justos. O selo Fair Trade foi visto pela primeira vez na década de 1980, na embalagem de um café do México.

GLOCALIZAÇÃO

O MODO COMO AS NAÇÕES SE CONECTAM E FAZEM TRANSAÇÕES (GLOBALIZAÇÃO) NÃO É ASSUNTO SÓ DE ACADÊMICOS E POLÍTICOS: ISSO AFETA A TODOS. ALGUNS DIZEM QUE CORREMOS O RISCO DE PERDER A DIVERSIDADE NACIONAL, MAS OUTROS ACREDITAM QUE, MISTURANDO VALORES GLOBAIS E LOCAIS, UM PROCESSO CHAMADO "GLOCALIZAÇÃO", CRIAMOS NOVAS FORMAS CULTURAIS.

Fazendo conexões

A chave para entender a globalização é a chamada "conectividade". Segundo o sociólogo britânico Anthony Giddens, a globalização é a crescente interconexão entre diferentes povos e culturas. Para ele, hoje estamos nos comunicando com mais frequência e dentro de redes cada vez maiores. Essa conexão mais próxima de pessoas e nações, através da internet, de viagens aéreas econômicas e de uma maior mobilidade, é amplamente vista como algo positivo, pois cria um fluxo mais livre de mercadorias, serviços e informações. Ao mesmo tempo, porém, há uma crescente preocupação sobre o que a globalização pode estar fazendo com a diversidade das culturas do mundo.

> **PENSE DE MODO GLOBAL, AJA DE MANEIRA LOCAL.**
> ANÔNIMO

"Imperialismo cultural"

Muitas pessoas acreditam que a globalização está destruindo ideias, valores e modos de vida que tornam uma cultura tão diferente da outra. Alguns sociólogos adotam a visão, de inspiração marxista, que considera a globalização um "imperialismo cultural". Esse termo refere-se a um processo conduzido por poderosas corporações transnacionais, ou CTNs, da Europa Ocidental e da América do Norte: por exemplo, gigantes produtoras financeiras, de mídia e organizações comerciais cujos nomes são conhecidos na maior parte do mundo. À medida que essas corporações transnacionais atingem novos mercados, as culturas locais com as quais elas entram em contato são dominadas e alinhadas aos modelos capitalistas ocidentais. Quer estejamos em Londres, quer estejamos em Nova York ou Pequim, temos acesso às mesmas marcas de refrigerantes ou calçados esportivos.

Um grande parque temático dos EUA replicado em Hong Kong foi reestruturado para corresponder às crenças chinesas sobre harmonia.

Global e local

O trabalho do sociólogo britânico Roland Robertson contesta a ideia de que uma força imperialista esmagadora está destruindo a individualidade local. Ele cunhou o termo *glocalização* para demonstrar que muitas pessoas vivenciam a globalização como uma mistura de elementos "globais" e "locais". Adaptar ideais e bens de consumo globais para atender às necessidades e preferências locais pode resultar em novos produtos e serviços personalizados para um mercado específico.

Veja: 104-105, 108-109, 118

EXISTE ISSO DE HAMBÚRGUER GLOBAL?

Riqueza e desenvolvimento

Nos países árabes, por exemplo, o pão pita é servido em restaurantes de hambúrgueres, junto com temperos que agradam aos gostos regionais. Um importante fabricante ocidental de lâminas de barbear adaptou suas lâminas e acessórios para uso num mercado asiático onde a água para barbear é escassa. Séries de televisão e novelas planejadas para um país são reescritas e reencenadas com atores e cenários que refletem a vida local em outras partes do mundo. Estes, por sua vez, formam a base para os *spin-offs* produzidos localmente. Em suma, segundo Robertson, a glocalização dá origem a novos produtos, que alimentam a cultura global. Isso acontece quando uma adequação local de uma mercadoria importante é exportada para outras culturas e adaptada ainda mais.

Mercado mundial
A glocalização dá um toque local a produtos de marca bem conhecidos.

DESEMARANHANDO UM PROBLEMA LOCAL
Um dos maiores fabricantes de máquinas de lavar do mundo adaptou a tecnologia de seus produtos para atender a uma necessidade local. Um novo agitador foi projetado para o mercado indiano, permitindo que as mulheres lavassem seus longos saris sem que eles se emaranhassem.

Por que o mundo é tão injusto?

SASKIA SASSEN

1949-

Nascida em Haia, na Holanda, Saskia Sassen é uma socióloga holandesa-americana e professora de sociologia na Universidade Columbia, em Nova York. Uma das principais figuras da sociologia urbana, ela se destacou por seu trabalho sobre globalização, migração e desigualdade social. Sassen é mais conhecida por seu livro *The Global City*, publicado em 1991, que examina o impacto da globalização sobre as pessoas que vivem e trabalham nas cidades modernas.

VIAJANTE GLOBAL

Durante a Segunda Guerra Mundial, o pai de Sassen trabalhou como membro de uma unidade nazista de propaganda. Em 1948, sua família fugiu para a Argentina com outros membros do alto escalão do Partido Nazista. Quando criança, a família de Sassen mudou-se com frequência. Ela foi criada na Argentina e na Itália e depois estudou na França e nos Estados Unidos. Suas próprias experiências como viajante global moldaram seu trabalho sobre as cidades modernas e os problemas da vida urbana.

CIDADES GLOBAIS

O livro de Sassen *The Global City* examina o modo como certas cidades, sobretudo Nova York, Londres e Tóquio, tornaram-se centros da economia global. No entanto, apesar da grande escala e do tamanho, essas cidades são compostas de inúmeras áreas distintas e menores, cada uma com sua própria identidade cultural. O trabalho de Sassen se concentra no impacto que as cidades globais têm sobre as comunidades locais, onde muitos dos habitantes sofrem com a pobreza, o preconceito e a injustiça social.

Riqueza e desenvolvimento

TOMANDO AS RUAS

Sassen usa o termo *rua global* para se referir a espaços públicos em que pessoas de comunidades pobres ou desfavorecidas, como imigrantes e trabalhadores de baixa renda, conseguem ser ouvidas. Ela argumenta que os protestos em lugares tradicionais, como centros comerciais ou parques públicos, perderam o impacto e não são mais eficazes. Em vez disso, Sassen pede que as pessoas protestem nas ruas onde vivem e trabalham.

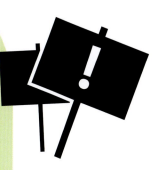

> "A **rua** é um **espaço** onde novas formas **sociais** e **políticas** podem se estabelecer."

CONVIDADOS E ALIENÍGENAS

Vários dos escritos de Sassen focam os problemas da imigração. Em seu livro *Guests and Aliens* (1999), ela explora as maneiras pelas quais vários grupos de imigrantes são tratados em diferentes países. Sassen defende uma abordagem mais justa da imigração, que beneficie a sociedade anfitriã e as comunidades imigrantes, muitas das quais foram forçadas a deixar sua terra natal por causa da guerra ou da perseguição.

Exímia linguista, Sassen foi criada falando espanhol, italiano, francês, holandês e alemão, e também estudou russo e japonês.

Por que o mundo é tão injusto?

Qual é o nosso **IMPACTO** no **PLANETA**?

É FÁCIL ACREDITAR QUE OS PROBLEMAS AMBIENTAIS, COMO A MUDANÇA CLIMÁTICA, SÃO ALGO PARA OS CIENTISTAS RESOLVEREM. AFINAL DE CONTAS, A CULPA NÃO É DAS GRANDES INDÚSTRIAS? MAS A VERDADE É QUE NOSSO ESTILO DE VIDA DE "COMPRAR E JOGAR FORA" TEM UM GRANDE IMPACTO NA SAÚDE DO PLANETA. DIRETA OU INDIRETAMENTE, ESTAMOS CONTRIBUINDO PARA MUDANÇAS GLOBAIS.

Gestão de resíduos

A eliminação de resíduos não termina quando as latas de lixo são esvaziadas. O processo envolve o transporte e, no caso de materiais não recicláveis, métodos como incineração ou aterro, que contribuem para a poluição ambiental.

Mundo em aquecimento

Desde a década de 1960, ambientalistas e outros cientistas vêm nos alertando de que as atividades humanas estão contribuindo para o aquecimento do clima da Terra. Eles afirmam que os níveis crescentes de emissões de gases causadores do efeito estufa, provocados por processos industriais como a queima de combustíveis fósseis e a emissão de dióxido de carbono dos escapamentos dos automóveis, são a principal causa do aumento geral das temperaturas. À medida que as indústrias modernas crescem e se espalham, seu impacto no ambiente global se intensifica enormemente ano após ano.

Sociedades descartáveis

Os sociólogos ambientais analisam de que maneira as estruturas sociais, como o sistema jurídico, a economia e a política, afetam o meio ambiente. Segundo o especialista britânico Anthony Giddens, muitas pessoas sustentam a ideia de que a mudança climática é algo que acontece em nível mundial e, portanto, fora de seu controle. Ele enfatiza que os problemas ambientais estão ligados ao nosso estilo de vida cotidiano. Em *A política da mudança climática*, escrito em 2009, Giddens aborda os efeitos do consumismo no meio ambiente. Nas sociedades capitalistas, nossa vida tende a se organizar em torno do consumo de bens e serviços materiais, dos quais o desperdício é parte inerente. Muito do que compramos, como alimentos, roupas e utensílios domésticos, vem em embalagens que são descartadas quando os itens são "consumidos". Uma família comum chega a descartar o equivalente a seis árvores por ano, em forma de jornais, embalagens e

> NÃO TEMOS UMA SOCIEDADE SE DESTRUIRMOS O MEIO AMBIENTE.
> MARGARET MEAD, ANTROPÓLOGA AMERICANA

Riqueza e desenvolvimento

lixo eletrônico. O fato de que os recursos naturais não durarão para sempre prejudica a sustentabilidade de uma sociedade capitalista baseada no consumo de bens produzidos em massa.

Trabalhando pela mudança

Outro sociólogo britânico do meio ambiente, Philip Sutton, descobriu que um número crescente de pessoas está analisando seus próprios hábitos de consumo e fazendo algo para mudá-los. Uma resposta é usar alimentos orgânicos e de origem local. Isso elimina a produção em grande escala, reduzindo as emissões de gases de efeito estufa produzidos pelo transporte. Os conselhos locais e as comunidades também estão assumindo maior responsabilidade pelo meio ambiente, dedicando sua energia coletiva a iniciativas que incluem compartilhamento de carros, áreas de jardinagem comunitária, dias de mutirão de limpeza e esquemas de reciclagem.

Racismo ambiental

Fatores como classe e origens étnicas significam que alguns grupos sociais são mais propensos a sofrer com as mudanças ambientais. As pessoas nas partes mais pobres do mundo, como o sudeste da Ásia e a Índia, são as mais atingidas pelas consequências, como o aumento do nível do mar, a seca ou as inundações. Os países em desenvolvimento também podem ser afetados pelas demandas das sociedades consumistas dos países desenvolvidos. O desmatamento das florestas tropicais para obtenção de madeira ou para a implantação de megapropriedades agrícolas destrói os estilos de vida dos povos locais. Áreas significativas da floresta tropical brasileira são devastadas para fornecer pasto para o gado, cuja carne é enviada para a Europa. Os sociólogos chamam essa distribuição desigual dos efeitos das mudanças ambientais de "racismo ambiental". O que fazemos de um lado do mundo tem impacto no outro, e só a cooperação global pode desacelerar as mudanças ambientais.

Veja também: 116-117, 118-119

> Todos os anos, 8 milhões de toneladas de resíduos plásticos acabam nos oceanos do mundo.

SE JOGARMOS O MUNDO FORA, NÃO PODEREMOS COMPRAR UM NOVO.

MORADIA DE BAIXO IMPACTO

Construídas com materiais reaproveitados e não poluentes, e usando energia solar renovável, as casas ecológicas têm um baixo impacto ambiental. Mas a estudiosa britânica Jenny Pickerill acredita que essas casas não se tornarão um modelo para o futuro até aprendermos a buscar ativamente mudanças no estilo de vida.

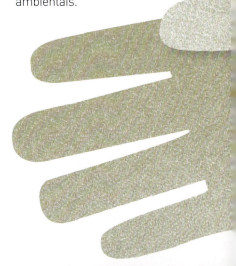

ANTHONY GIDDENS
1938-

Considerado um dos principais sociólogos da Grã-Bretanha, Anthony Giddens escreveu mais de 35 livros sobre uma ampla gama de assuntos, incluindo psicologia, economia, linguística, antropologia e política. Giddens é mais conhecido por sua teoria da estruturação, que explora a relação entre indivíduos e estruturas sociais, como religião e classe social. Ele também é conhecido por suas ideias sobre identidade humana, globalização e mudanças climáticas.

UM HOMEM DE MUITAS PALAVRAS

Giddens nasceu e cresceu no norte de Londres. Estudou sociologia e psicologia na Universidade de Hull e, depois, seguiu para a London School of Economics e a Universidade de Cambridge, onde mais tarde se tornou professor de sociologia. Além de escrever centenas de livros e artigos, ele também foi cofundador da editora acadêmica Polity Press. Durante a década de 1990, tornou-se conselheiro do primeiro-ministro britânico, Tony Blair.

Apaixonado por futebol, Giddens escreveu sua tese na London School of Economics sobre "Esporte e sociedade na Inglaterra contemporânea".

AUTOIDENTIDADE

Em seu livro *As consequências da modernidade* (1990), Giddens examina como adquirimos um senso de nossa própria identidade. Nas sociedades tradicionais, a autoidentidade era moldada, em grande parte, pela religião ou classe social da pessoa. Como esses tipos de sistema social ficaram menos influentes, as pessoas tiveram de compreender sua própria identidade. Giddens afirma que a autoidentidade tornou-se um processo "reflexivo", o que significa que as pessoas precisam refletir constantemente sobre quem são e o que as define.

Riqueza e desenvolvimento

A TERCEIRA VIA

Nos últimos anos, Giddens desempenhou um importante papel na política global. Em seu livro *A terceira via* (1998), ele apresenta suas ideias para um novo modelo de política, que visa criar uma sociedade mais justa. Em vez de confiar nas divisões tradicionais de política de esquerda e de direita, ele defende uma "terceira via": um sistema político que estimula o crescimento e a criação de riqueza, garantindo, ao mesmo tempo, maior justiça social e oportunidades iguais.

> "As pessoas acham difícil dedicar ao **futuro** o **mesmo nível** de **realidade** que dedicam ao **presente**."

AQUECIMENTO GLOBAL

Em *A política da mudança climática* (2009), Giddens alerta para os riscos de ignorar as mudanças do clima. Ele argumenta que, como os efeitos do aquecimento global não são imediatamente visíveis na vida cotidiana, as pessoas relutam em agir. No entanto, se esperarmos que catástrofes ambientais, como grandes inundações, aumento do nível do mar e temperaturas mais altas, ocorram, será tarde demais para fazer algo a respeito. Esse dilema é conhecido como o "paradoxo de Giddens".

Por que o mundo é tão injusto?

BENS GLOBAIS
O primeiro McDonald's do mundo fora dos EUA foi aberto na Colúmbia Britânica, Canadá, em 1967. As lojas do McDonald's agora podem ser encontradas em 119 países do mundo todo. O alcance global da Coca-Cola é ainda maior. O refrigerante pode ser comprado em qualquer lugar, exceto na Coreia do Norte e em Cuba, embora exista contrabando.

LEGADO COLONIAL
Muitas das desigualdades do mundo remontam ao legado colonial de nações europeias como Grã-Bretanha, França, Espanha, Portugal e Holanda. Nos séculos XVII e XVIII, os comerciantes navegaram para a África, a América do Sul e o Caribe a fim de vender mercadorias exóticas e escravos. A criação de colônias também permitiu que os europeus explorassem os recursos desses países.

Riqueza e desenvolvimento
NA PRÁTICA

VIAGEM AÉREA ECONÔMICA
O aumento do número de pessoas viajando de avião foi possível graças ao surgimento de companhias aéreas de baixo custo no final da década de 1980. As viagens aéreas tornaram-se acessíveis para pessoas que, no passado, não tinham condições de pagar, embora as consequências ambientais do aumento do tráfego aéreo tenham sido significativas.

MOVIMENTO SLOW FOOD
Fundado em Piemonte, Itália, em 1986, o Slow Food Movement é uma organização mundial destinada a assegurar que as culturas alimentares locais não desapareçam com a globalização. O objetivo da organização é garantir que as tradições alimentares e a culinária nacional continuem a se desenvolver.

Riqueza e desenvolvimento

CULTURA DE CELEBRIDADES

Em seu livro *Celebridade* (2001), o sociólogo britânico Chris Rojek discute a influência da cultura de celebridades. Em seu trabalho, ele analisa o status ambíguo das celebridades modernas, que, embora sirvam de exemplo para muitos, ao mesmo tempo evidenciam as vastas disparidades de riqueza e poder social no cerne da cultura moderna.

CHUVA ÁCIDA

Em *Sociedade de risco* (1999), a análise do sociólogo alemão Ulrich Beck apresenta os riscos dos danos ambientais. A poluição dos países industrialmente avançados da Europa Ocidental e da América do Norte tem efeitos no mundo todo. Por exemplo, a chuva acidificada pela poluição atmosférica num país danifica lagos e pântanos a milhares de quilômetros de distância.

Os sociólogos procuram compreender como e por que existem desigualdades na sociedade. Nos séculos XIX e XX, eles realizaram diversos estudos sobre as desigualdades entre as classes sociais. Mais recentemente, analisaram as diferenças no poder econômico e político das nações e os impactos da globalização.

COMÉRCIO JUSTO

Estabelecida em 1992 em Londres, a Fairtrade Foundation incentiva os consumidores a comprar bens e serviços a um preço justo. Os produtores agrícolas recebem um preço justo por seus produtos, a fim de ajudar a reduzir a pobreza, incentivar a sustentabilidade e tratar os agricultores com ética.

O IMPACTO DO TURISMO

Em países como o Quênia, o turismo representa uma fonte vital de renda. Um estudo do Parque Nacional de Amboseli, realizado na década de 1990, mostrou que uma manada de elefantes gerava US$ 610 mil em receita por ano. No entanto, o aumento do número de turistas tem um efeito prejudicial sobre ecossistemas, infraestrutura e tradições culturais.

CULTURA
moderna

COMPRO, logo existo?

O que é CULTURA?

Tempo de LAZER

Vivemos tempos INCERTOS

As MÍDIAS DE MASSA afetam VOCÊ?

Quem é dono da MÍDIA?

Quem DECIDE o que é notícia?

Quais são suas fontes de NOTÍCIAS?

O que a INTERNET FAZ por nós?

Você vive ON-LINE?

A cultura moderna é feita de ideias, hábitos e atividades que nos cercam. Nosso mundo moderno se move rapidamente, trazendo ideias e novidades do mundo todo. Às vezes, as informações chegam tão depressa e de tantas fontes diferentes que pode ser difícil assimilá-las. O que se torna notícia e quem controla essa escolha são grandes questões para os sociólogos refletirem, assim como os efeitos da internet e das mídias sociais.

Cultura moderna

COMPRO, logo

NA SOCIEDADE MODERNA, NOSSAS IDENTIDADES PESSOAIS, OU SEJA, A FORMA COMO NOS VEMOS E COMO OS OUTROS NOS VEEM, SÃO, EM GRANDE MEDIDA, CRIADAS PELOS BENS QUE COMPRAMOS. NOS SÉCULOS ANTERIORES, EM QUE AS OPÇÕES DE CONSUMO ERAM LIMITADAS, O SENSO DE IDENTIDADE SE BASEAVA NA CASA, NA COMUNIDADE E NA REGIÃO EM QUE SE VIVIA.

Veja também: 14-15, 22-23

Construindo uma identidade

Tentar entender quem somos e como gostaríamos de ser vistos consome muito do nosso tempo e energia. Nossa identidade é importante para nós. Pode parecer algo natural, inerente ao fato de estar vivo, mas a preocupação com a autoimagem é um fenômeno moderno diretamente ligado à ascensão do consumismo no século XX. Na sociedade de consumo de hoje, as pessoas desempenham um papel cada vez mais ativo na construção de sua autoidentidade. No passado, a identidade era definida pela família em que o indivíduo nasceu e por seu lugar na comunidade. Não era algo que estava sob seu controle. A ocupação de uma pessoa normalmente era transmitida de geração. Os filhos dos agricultores, por exemplo, costumavam se tornar agricultores, e os filhos dos médicos, de um modo geral, trabalhavam na área médica. O lugar de procedência também assegurava um forte senso de identidade. A religião foi outra influência poderosa na formação da autoimagem e do comportamento das pessoas, propiciando-lhes um conjunto comum de valores morais, ideais e atitudes. Nas sociedades tradicionais dos séculos passados, a identidade pessoal era, em grande medida, fixa. Em contraste, na sociedade moderna, identidade e individualidade são coisas que devemos criar por conta própria, e isso acontece sobretudo pela escolha dos bens que adquirimos e dos serviços que contratamos.

> As estatísticas mostram que comprar é o passatempo favorito dos jovens.

Uma declaração de estilo

Somos bombardeados com informações e anúncios nos encorajando a consumir certos produtos, serviços e estilos de vida. Para o sociólogo britânico Richard Jenkins, o papel da indústria da publicidade é criar produtos e serviços e agregar valor simbólico a eles. A implicação é que a aquisição desses itens

ENCONTRANDO A NÓS MESMOS

Em *The shopping experience* (1997), o sociólogo britânico Colin Campbell explica que as compras, longe de serem algo fútil, envolvem a compreensão de nós mesmos e a aquisição de bens. A seleção, a escolha e a tomada de decisões para comprar determinados itens nos ajudam a ter uma visão mais clara de nossa autoidentidade.

Cultura e mídia

existo?

Expressão nossa
Tudo o que compramos, de jeans de grife a cappuccinos de grandes redes, diz algo sobre nossa essência.

O QUE UM RÓTULO REALMENTE DIZ?

CONSUMISMO É UM SISTEMA SIMBÓLICO.
Daniel Miller, antropólogo social britânico

nos confere características socialmente desejáveis, como "sofisticação", "estilo" e "riqueza". A decisão de comprar determinada marca de tênis não é só uma questão de preferência pessoal, mas uma expressão de nossa essência. Os tênis podem dizer que somos "exigentes", "descolados" ou "nerds", ou que não ligamos para o que os outros pensam.

Comprando por uma identidade

No século XXI, uma parcela cada vez maior de nossa vida envolve compras. Segundo o antropólogo social britânico Daniel Miller, muitas pessoas gostam de fazer compras sozinhas. Isso porque comprar roupas ou comida, por exemplo, é uma oportunidade de moldar nossa identidade. Para alguns consumidores, uma parte recente e importante dessa construção da autoimagem é a variedade de rastreadores portáteis de atividade usados para monitorar o progresso físico, como o número de passos dados por dia. Ativistas anticonsumistas apontam para os danos ambientais causados pelos altos níveis de consumo. Mas, como Miller destaca, o consumismo permite que as pessoas criem uma identidade de um modo novo, inacessível no passado.

Veja também: 14-15, 96-97, 124-125, 132-133, 146

Cultura moderna

O que é CULTURA?

HIP-HOP OU ÓPERA? LIVROS OU JOGOS DE BOLA? AS IDEIAS, ATIVIDADES, ARTES E OS COMPORTAMENTOS QUE AS PESSOAS VAGAMENTE CHAMAM DE CULTURA COSTUMAM SER VISTOS COMO UMA QUESTÃO DE GOSTO PESSOAL. ACREDITAMOS QUE NOSSAS ESCOLHAS SÃO FEITAS LIVREMENTE E DIZEM ALGO SOBRE QUEM SOMOS. MAS NOSSOS GOSTOS SÃO RESULTADO DE INFLUÊNCIAS SOCIAIS SUTIS.

> No mundo todo, os sete livros da série Harry Potter venderam 400 milhões de cópias em 68 idiomas.

> NENHUM PROGRAMA DE TELEVISÃO PRESTA.

> OS CANTORES DE ROCK NÃO SABEM O QUE É MÚSICA DE VERDADE.

Veja: 14-15, 34-35, 56-57

O habitus

O modo como a cultura molda a mente e o corpo das pessoas foi um assunto central no trabalho do sociólogo francês Pierre Bourdieu, que cunhou o termo *habitus* em referência ao estilo de vida e aos gostos culturais característicos de uma classe social específica. As pessoas nascidas num determinado grupo tornam-se socializadas em seu habitus. Em parte, isso é conscientemente direcionado pelos membros do grupo. Por exemplo, pais e amigos tendem a promover e compartilhar suas preferências por esporte ou música. Mas, na maioria das vezes, a absorção no habitus se dá em nível inconsciente. Essa é uma ideia-chave para Bourdieu, a de que o habitus molda nossa maneira de pensar e agir sem que nos demos conta. Bourdieu descreveu a relação de um indivíduo com o habitus como semelhante a uma "segunda natureza". Parece natural e evidente que gostemos de certos estilos e atividades e não gostemos de outros.

Escolhas

Quando as pessoas dizem que preferem uma coisa à outra, elas pensam que seus gostos culturais são uma expressão de sua natureza. De acordo com Bourdieu, nada poderia estar mais longe da verdade. Ele reconheceu que fazemos escolhas o tempo todo sobre os estilos de vida e bens de consumo. O que não escolhemos, segundo ele, são as influências sociais e os padrões culturais que moldam nossos valores. É o habitus do grupo ao qual pertencemos que determina nossas escolhas, em vez de nossos gostos adquiridos individualmente.

ONÍVOROS CULTURAIS

Em 1992, o sociólogo americano Richard Peterson introduziu a ideia do "onívoro cultural", mostrando como os gostos mudam quando as diferenças entre as culturas baseadas em classes se confundem. Culturas outrora amplamente consideradas atividades de "classe alta", como arte e teatro, e de "classe baixa", como o futebol, podem agora ser desfrutadas por pessoas de todos os grupos sociais.

Cultura e mídia

Influência do grupo

À medida que crescemos, absorvemos inconscientemente muitas ideias culturais do grupo social em que vivemos. Essa absorção inicial influencia a formação de nossos futuros gostos e preferências.

> LER É CHATO.

> HOMEM TAMBÉM PODE FAZER BALÉ.

> É BOM TENTAR TUDO. NÃO SABEMOS DO QUE PODEMOS GOSTAR!

> VALE A PENA PAGAR MAIS POR COMIDA ORGÂNICA.

> A ARTE MODERNA REALMENTE NOS FAZ PARAR E PENSAR.

> ÓPERA É SÓ PARA GENTE CHIQUE.

DE ONDE VEIO ESSA IDEIA?

Classes e cultura

Para demonstrar suas ideias, em 1979 Bourdieu realizou um abrangente estudo que ele chamou de "Distinção": um exame dos gostos e preferências culturais de uma amostra representativa dos franceses. Com base numa ampla gama de dados extraídos de métodos estatísticos, entrevistas e observação, Bourdieu descobriu que as preferências culturais e os gostos dos indivíduos eram influenciados por sua classe. No geral, indivíduos com um habitus de classe média alta tendem a preferir certos estilos e atividades culturais, como a música clássica, o balé e a arte. Ao mesmo tempo, esse grupo expressou uma forte aversão por outros tipos de cultura, como shows de rock e jogos de futebol. Em contrapartida, indivíduos com um habitus de classe baixa tendem a expressar aversão por balé e ópera, preferindo socializar em bares.

> O **OBJETIVO** DE MEU TRABALHO É MOSTRAR QUE CULTURA E **EDUCAÇÃO** NÃO SÃO APENAS HOBBIES ou **INFLUÊNCIAS MENORES.**
> PIERRE BOURDIEU, SOCIÓLOGO FRANCÊS

Preferências previsíveis

O trabalho de Bourdieu pretende demonstrar a natureza previsível das preferências culturais. O estudo "Distinção" deixa claro que nossos gostos individuais não são uma expressão de autoidentidade, mas de classe social. Bourdieu não diz que algumas atividades culturais são superiores ou mais sofisticadas que outras. Na verdade, ele quis enfatizar que o que consideramos como as expressões mais íntimas de nossa natureza, ou seja, nossos gostos e aversões culturais, são, em realidade, determinados diretamente por uma série de fatores, como classe, gênero e origem étnica. Na maior parte das vezes, não somos conscientes dessas influências.

Veja também: 126-127, 128-129

Cultura moderna

PIERRE BOURDIEU

1930-2002

O sociólogo francês Pierre Bourdieu começou sua carreira acadêmica como filósofo antes de se interessar pela sociologia. Ele escreveu mais de trinta livros e trezentos artigos sobre uma variedade de assuntos, entre eles história da arte, educação e crítica literária. Seu livro mais conhecido, *A distinção* (1979), explora o papel da classe social na sociedade moderna. Duro crítico da desigualdade social, Bourdieu era ativista social e político comprometido.

GALGANDO DEGRAUS

Bourdieu nasceu numa família da classe trabalhadora na França rural. Seu pai era um funcionário dos correios e o incentivou a dar duro na escola. Aluno brilhante, ele estudou filosofia na École Normale Supérieure, em Paris. Ao longo da carreira, Bourdieu estava consciente de que a educação modesta que recebera era muito diferente da formação privilegiada de seus colegas. Foi essa consciência que moldou o interesse dele na vida pela igualdade e justiça social.

UM SENSO DE PERTENCIMENTO

Bourdieu é mais famoso por suas ideias sobre habitus. Ele usou esse termo para descrever um "senso de pertencimento" a determinado grupo social ou classe. Bourdieu reconheceu que pessoas da mesma classe social desenvolvem visões semelhantes sobre a vida desde cedo. Elas aprendem a falar e agir de maneira similar à da família e dos amigos e costumam ter os mesmos tipos de interesse e valores.

Cultura e mídia

GANHOS DE CAPITAL

Bourdieu afirmou que o habitus de cada pessoa é composto de diferentes quantidades de "capital". O capital econômico, por exemplo, está vinculado a dinheiro e riqueza. O capital cultural inclui fala, educação e boas maneiras, ou o gosto de uma pessoa pela música ou pela arte. O capital social refere-se à nossa rede de amigos ou colegas. Para Bourdieu, a quantidade de capital que as pessoas têm determina quão bem-sucedidas elas serão na vida.

Enquanto lecionava na Universidade da Argélia, Bourdieu realizou um trabalho de campo sobre o povo da região da Cabília, o que levou ao seu primeiro livro, The Sociology of Algeria (1958).

"As necessidades **culturais** são o produto da **criação familiar** e da **educação**."

ENTRANDO NO CAMPO

Segundo Bourdieu, a desigualdade social existe porque diferentes grupos sociais têm quantidades distintas de capital. Ele desenvolveu a ideia de que a sociedade é dividida em "campos", como negócios, direito ou educação, cada um com seu próprio conjunto de regras. Para entrar num determinado campo, as pessoas precisam de diferentes tipos de capital. Bourdieu argumentou que para pessoas com capitais como riqueza, qualificações acadêmicas ou conexões sociais é mais fácil entrar em determinados campos.

Cultura moderna

Tempo de LAZER

A MAIORIA DAS PESSOAS CONCORDA QUE TEMPO LIVRE É BOM E QUE NÃO TEMOS O SUFICIENTE. NO ENTANTO, TEMOS MUITO MAIS HORAS LIVRES DO QUE AS GERAÇÕES ANTERIORES, ALÉM DE UMA GRANDE INDÚSTRIA DO LAZER PARA PREENCHÊ-LAS. AS ATIVIDADES DE LAZER QUE ESCOLHEMOS PODEM FAZER DIFERENÇA EM NOSSA SAÚDE, EM NOSSA IDENTIDADE E ATÉ EM NOSSA CARREIRA.

NO MUNDO ALTAMENTE COMERCIALIZADO DE HOJE, HÁ ATIVIDADES DE LAZER CONTÍNUAS DISPONÍVEIS PARA QUEM QUISER OU PARA QUEM PUDER PAGAR POR ELAS.

TEMPO DE FOLGA NÃO PRECISA SIGNIFICAR TEMPO À TOA

Mais tempo livre

Sair de férias ou ter alguns dias de folga da escola ou do trabalho é algo pelo qual todos nós ansiamos. Tempo de lazer é "tempo para mim", longe das tensões e pressões da vida cotidiana. A ideia de lazer mudou de maneira dramática no último século. Em determinada época, o termo *classe ociosa* significava membros das "classes superiores" ou os muito ricos, indivíduos com bastante dinheiro e pouca coisa para fazer. Para a maioria das pessoas das gerações anteriores, lazer significava, acima de tudo, não ter que trabalhar. Era o tempo usado para recuperar-se da rotina diária e concentrar-se em atividades mais simples, voltadas para a família. O lazer tinha pouco a ver com o cultivo de interesses mais amplos ou a prática de esportes e atividades estimulantes. Desde a virada do século XX, as reformas legais e políticas levaram a jornadas de trabalho mais curtas. Com uma maior compreensão dos efeitos do excesso de trabalho na saúde, agora reconhecemos que todos precisam de um tempo de folga. Pode parecer que nunca temos tempo de lazer suficiente, mas temos muito mais tempo do que os trabalhadores de um século atrás.

A cultura do lazer

Um aspecto importante do aumento do tempo de lazer é o crescimento de uma cultura de consumo que contribui significativamente para

Veja: 18-19, 22-23, 60-61, 96-97

Cultura e mídia

No Reino Unido, a indústria do lazer gera cerca de £ 1,15 bilhão para a economia.

a economia nacional. Segundo o sociólogo Chris Rojek, a sociedade moderna é única no sentido de ter dado origem a uma vasta indústria baseada em atividades de lazer. Para muitas pessoas, como funcionários de hotéis, trabalhadores de cinemas multiplex e pilotos de linhas aéreas, o lazer é uma fonte de emprego. Para outros, o tempo de folga do trabalho é uma oportunidade para gastar dinheiro em bens e serviços. Feriados internacionais, passeios a parques temáticos e idas ao cinema são exemplos de atividades em torno das quais a indústria de lazer comercial cresceu, gerando somas de dinheiro que seriam inimagináveis para pessoas que trabalham há apenas algumas décadas.

Efeitos positivos ou negativos?

As pessoas geralmente dedicam tempo e energia ao lazer — poupando dinheiro e se planejando — tanto quanto ao trabalho. Contudo, como no caso das desigualdades salariais entre os sexos, as mulheres tendem a dispor de menos tempo livre do que os homens. Hoje, o lazer não é tanto sinônimo de inatividade, mas de fazer e ver coisas que nos exigem fisicamente e ampliam nosso conhecimento. O que fazemos em nosso tempo de

⬅ Escolhendo uma atividade
O que decidimos fazer em nosso lazer pode refletir nossa identidade. Às vezes, uma atividade física ou mental mais difícil pode criar uma identidade nova e mais forte.

> **O MELHOR TESTE DE INTELIGÊNCIA É O QUE FAZEMOS COM NOSSO TEMPO LIVRE.**
> LAURENCE J. PETER, ESCRITOR CANADENSE

folga é um assunto de crescente interesse para nossos empregadores. Por exemplo, atividades que envolvem exercícios físicos ou esportes coletivos são entendidas como algo que exercerá uma influência positiva em nossa vida profissional, talvez desenvolvendo nossa capacidade de trabalhar em grupo, assim como de nos manter em forma e saudáveis. Por outro lado, usar o tempo livre em socialização excessiva ou sem fazer nada pode ser visto negativamente como apatia ou falta de iniciativa. A maneira como utilizamos nosso tempo de lazer é cada vez mais encarada como uma expressão de nossa identidade, assim como as funções profissionais que desempenhamos.

Veja também: 133, 144-145 ➡

NOVO ESPORTE, NOVA IDENTIDADE
A pesquisa de 2011 da socióloga neozelandesa Holly Thorpe revela que a crescente popularidade do snowboard atraiu muitas mulheres para um esporte exclusivamente masculino. Thorpe mostra que as mulheres começam a se sentir diferentes em relação a si mesmas à medida que se tornam parte desse universo. Elas adquirem nova confiança, além de uma paixão que se reflete em outras áreas da vida, como no trabalho.

Cultura moderna

Levado pela correnteza
Estar no fluxo "líquido" e acelerado da vida moderna pode ser como estar num rio sendo carregado por algo que não podemos controlar.

A VIDA EM NOSSO MUNDO MODERNO É ACELERADA E INCERTA, ALÉM DE ESTAR EM CONSTANTE TRANSFORMAÇÃO. TEM SIDO DESCRITA COMO UM TEMPO "LÍQUIDO". PODEMOS SENTIR ESSA FLUIDEZ COMO ALGO ESTIMULANTE E, ÀS VEZES, COMO ALGO AVASSALADOR. PESSOAS E PRODUTOS TRANSITAM PELO MUNDO LEVANDO CONSIGO CRENÇAS E VALORES, UNINDO DIFERENÇAS E FORMANDO NOVAS EXPERIÊNCIAS.

VIVEMOS NUMA "MODERNIDADE LÍQUIDA" VELOZ

Um mundo líquido

O sociólogo polonês Zygmunt Bauman descreveu a vida em nosso mundo acelerado como se estivéssemos vivendo em tempos "líquidos". Ele quis transmitir a fluidez da experiência humana na sociedade capitalista global e indicar que ela não tem uma forma definida. Neste mundo líquido, pessoas, produtos e crenças culturais transitam livremente, dando origem a novas ideias e experiências. Os supermercados vendem alimentos exóticos durante o ano inteiro. Uma operação rotineira de joelho num hospital do Reino Unido pode envolver uma enfermeira da Polônia e um cirurgião dos Emirados Árabes, com instrumentos cirúrgicos alemães. Nossa vida cotidiana depende do fluxo de pessoas e conhecimentos ao redor do mundo. Muitas pessoas com as quais interagimos e em quem confiamos são desconhecidas para nós e, no entanto, não temos muita opção a não ser confiar nelas. Bauman vê isso como algo aterrorizante e, ao mesmo tempo, estimulante.

> Segundo pesquisas, os cidadãos americanos foram os menos propensos a buscar trabalho no exterior.

Em terra firme

Para uma geração de jovens no mundo desenvolvido, isso é a vida. Mas nem sempre foi assim. Há trinta anos, os estilos de vida eram mais fixos. Bauman descreve o período desde o fim da Segunda Guerra Mundial até a década de 1990 como "modernidade pesada". Durante esse tempo, a vida social era mais previsível e ordenada. As pessoas cresciam e viviam na mesma região em que nasceram. Elas trabalhavam no mesmo emprego até se aposentarem. Sua identidade estava atrelada aos trabalhos que realizavam, na classe de onde vieram e nas comunidades e na nação a que pertenciam. Os relacionamentos eram mais duradouros também. O número de casamentos era mais alto, o de divórcios, mais baixo, e as amizades estavam enraizadas na comunidade.

Fluxo e fusão

Em contrapartida, a vida líquida moderna é incerta, imprevisível e acelerada. Bauman identifica a ascensão da internet, o poder econômico e político

Vivemos tempos

Cultura e mídia

das corporações transnacionais e as viagens aéreas de baixo custo como a transição da modernidade pesada para a líquida. Num mundo líquido moderno, tudo o que era fixo e sólido se torna mutável e fluido. Fluxos de pessoas do mundo todo atravessam fronteiras em busca de uma vida melhor. Desastres ambientais e guerras forçam as pessoas

> **NUMA VIDA LÍQUIDA, NÃO HÁ LIMITES PERMANENTES.**
> ZYGMUNT BAUMAN, SOCIÓLOGO POLONÊS

a se mudarem e reconstruírem a vida em outros lugares. O fluxo de bens de consumo e serviços nos permite configurar nossa própria identidade, comprando itens e criando a aparência e o caráter que desejamos, se pudermos pagar por isso. Moda e estilos de vida de diferentes culturas interagem e se fundem, dando origem a modas híbridas e novas tendências culturais. Os relacionamentos humanos se formam mais facilmente, mas são mais fugazes. Pessoas do mundo todo entram em contato, seja pessoalmente, seja virtualmente, à medida que se tornam parte de comunidades e redes on-line, antes de seguir em frente e fazer novas conexões com outros indivíduos.

MUDANÇA E ANSIEDADE

A velocidade da mudança social e econômica gerou níveis crescentes de medo e desconforto entre os membros das sociedades modernas. Estatísticas oficiais revelaram que, em 1980, 4% dos americanos sofriam de algum distúrbio mental relacionado à ansiedade. Em 2016, a ansiedade atingia quase metade dos cidadãos dos EUA. As estatísticas demonstram a relação entre estados psicológicos e mudanças sociais em ritmo acelerado.

Movendo-se rápido demais

Embora muitas vezes seja estimulante, Bauman considera o ritmo da vida líquida inquietante. A vida líquida se move rápido demais, exceto para os membros bem-sucedidos de uma elite transnacional. Como turistas globais, essas pessoas são capazes de aproveitar ao máximo as oportunidades que a vida líquida oferece. Por outro lado, a maioria das pessoas vivencia a velocidade da mudança social, política e econômica como algo esmagador, que causa ansiedade.

Veja também: 108-109, 110-111, 132-133

INCERTOS

Cultura moderna

ZYGMUNT BAUMAN
1925-2017

Nascido na Polônia numa família judaica, Zygmunt Bauman foi considerado um dos sociólogos mais influentes do século XX. Expulso da Polônia em 1968, mudou-se primeiro para Israel e depois se estabeleceu na Inglaterra, em 1971, onde se tornou professor de sociologia na Universidade de Leeds. Bauman publicou mais de cinquenta livros sobre uma variedade de questões, incluindo o consumismo, a globalização e a natureza incerta da sociedade moderna.

PERSEGUIÇÃO E EXÍLIO

Bauman nasceu numa família pobre de Poznań, oeste da Polônia. Quando os nazistas invadiram o país, em 1939, ele fugiu com a família para a Rússia, onde mais tarde lutou contra os nazistas com um regimento polonês. Em 1968, foi exilado pela segunda vez, quando o Partido Comunista polonês expulsou milhares de intelectuais judeus. Ele finalmente encontrou refúgio na Inglaterra, onde permaneceu até o fim da vida.

Bauman foi premiado com a Medalha de Valor Militar polonesa por sua bravura durante a Segunda Guerra Mundial. Ele se tornou um dos mais jovens majores do Exército polonês.

O HOLOCAUSTO

Em sua controversa obra *Modernidade e Holocausto* (1989), Bauman examina como foi possível que o Holocausto tenha acontecido. Ele argumenta que o assassinato em massa do povo judeu, e de outros povos, não foi simplesmente um caso extremo de comportamento bárbaro, exclusivo da Alemanha. Em sua opinião, foi a natureza racional e organizada da sociedade moderna que possibilitou o Holocausto.

Cultura e mídia

MODERNIDADE LÍQUIDA

Na década de 1990, Bauman desenvolveu sua teoria da "modernidade líquida", que descreve como a natureza "fluida" e mutável da sociedade moderna deixou as pessoas inseguras (ver pp. 128-129). Segundo ele, a sociedade se afastou da "modernidade sólida" do industrializado século XIX, um período relativamente estável e previsível. Na visão de Bauman, estamos vivendo agora numa era de constante incerteza e níveis crescentes de risco.

"Se você **define** seu valor pelas coisas que **adquire** e o cercam, ser excluído é **humilhante**."

SOMOS O QUE COMPRAMOS

Bauman estava interessado na forma como a sociedade moderna "líquida" afetou a identidade pessoal. Até a década de 1970, as pessoas se definiam pelo que faziam para ganhar a vida. Na sociedade de hoje, no entanto, a ideia de um "emprego para a vida toda" não é mais realista. Bauman argumenta que a identidade pessoal na sociedade moderna está ligada ao consumismo: as pessoas se definem agora pelos bens que compram e se cercam.

Cultura moderna

As **MÍDIAS DE MASSA** afetam **VOCÊ**?

Envolvendo-se
Quando assistimos às notícias, interpretamos a cobertura de acordo com uma série de fatores, como idade, etnia e gênero.

NÃO SOMOS UM PÚBLICO PASSIVO

"MÍDIA DE MASSA" REFERE-SE A ORGANIZAÇÕES QUE FORNECEM NOTÍCIAS. ELAS SÃO INFLUENTES, MAS SERÁ QUE REALMENTE IMPORTA O QUE ELAS NOS DIZEM?

A mídia é tendenciosa?
Dos políticos à polícia, dos pais aos professores, as preocupações sobre como a mídia influencia a mente do público, sobretudo a dos jovens, geram muito debate. O propósito da mídia é apresentar fatos, não opiniões. No entanto, quanto de objetividade há nisso? Durante a Segunda Guerra Mundial, sabemos que o Partido Nazista usou a mídia para controlar o fluxo de notícias ao povo alemão, distorcendo as palavras de qualquer um que discordasse dele. No mundo todo, em tempos de conflito, existe uma preocupação semelhante, de que a mídia não esteja apresentando a verdade, mas tenha um ponto de vista próprio, sendo parcial.

> Os jovens passam até 27 horas por semana on-line. Os adultos passam até vinte horas, incluindo o tempo de uso da internet no trabalho.

Falando com uma só voz

Não dá para negar que a mídia afeta a todos em algum nível. Em nosso mundo digital, notícias sobre eventos que ocorrem no mundo todo chegam até nós via telefone, laptop, tela de TV ou jornal, onde quer que estejamos. Contudo, para os sociólogos da mídia, a noção de que "a mídia" compreende uma entidade única e poderosa que fala a todos de maneira indiferenciada requer uma análise cuidadosa. Na verdade, a mídia compreende várias agências de notícias e empresas de radiodifusão, que competem entre si por audiência. Para maximizá-la, as organizações de mídia publicam diversos tipos de notícia numa série de estilos e formatos, variando o ângulo político que adotam e o modo de passar a informação a fim de atingir diferentes públicos.

Um público passivo?

Ao tentar entender os efeitos da mídia, os sociólogos questionam a ideia de que os membros da audiência são "passivos". Essa visão parte da premissa de que a mente do público absorve, de maneira acrítica, notícias e informações que moldam sua maneira de pensar e agir, sem que o indivíduo se dê conta disso. Os sociólogos chamam a atenção para o papel ativo que os membros da audiência desempenham na interpretação das notícias. Em vez de um grande grupo, os sociólogos descrevem os destinatários das notícias da mídia como vários "públicos". Esses públicos diferenciam-se por etnia, classe social, idade e gênero. Notícias diferentes produzem interpretações ou "leituras" diferentes, dependendo do público. Numa análise da mídia de massa americana realizada pelo sociólogo Herbert Gans e intitulada *Deciding What's News* (1979), o autor descobriu que algumas figuras poderosas da mídia consideravam que o público dos Estados Unidos compreendia dois tipos de espectadores: uma elite educada e abastada e uma maioria sem instrução e passiva. Por meio de entrevistas e da observação de uma amostra significativa do público americano, Gans verificou que, independentemente de sua origem social, o público de notícias adota uma postura crítica em relação às notícias que recebe. Em vez de a cobertura da mídia determinar os pontos de vista da audiência, a audiência se envolve ativamente na construção de significado. Gans observou que as interpretações da cobertura de eventos políticos variavam de acordo com gênero e etnia, e que os americanos negros adotavam uma

> **PROVOCAR SIGNIFICA ENVOLVER O PÚBLICO, NÃO SÓ TÊ-LO DIANTE DE SI.**
> REUVEN FRANK, EXECUTIVO DE NOTÍCIAS DA NBC

postura crítica em relação à abordagem apresentada por editores e produtores brancos. A idade dos espectadores também influencia a interpretação das notícias: os espectadores mais velhos demonstram preocupação com questões que eles julgam ter consequências sociais e políticas mais amplas. O trabalho de Gans oferece evidências para contradizer a visão de que a mídia pode influenciar a mente de seu público.

Cultura e mídia

Veja também: 136-137, 138-139, 140-141, 146-147

NOVELAS
Um estudo do sociólogo americano Alan Rubin sobre os telespectadores de novelas revelou que esse público, composto sobretudo de mulheres, acompanha novelas não só para passar o tempo, mas para ficar a par das questões morais levantadas ali, que servem de base para discussões com amigos. Ao assistir às novelas com um olhar crítico, os espectadores refletem sobre suas próprias perspectivas morais.

Cultura moderna

Quem é dono da **MÍDIA?**

TODAS AS MANHÃS, MUITOS ACORDAM E OUVEM AS NOTÍCIAS NO RÁDIO OU NA TELEVISÃO, OU AS LEEM NOS JORNAIS E NO CELULAR. AS EMPRESAS DE MÍDIA DESEMPENHAM UM PAPEL IMPORTANTE NA COMUNICAÇÃO DE NOTÍCIAS E INFORMAÇÕES. MAS FAZ DIFERENÇA QUEM É DONO DESSAS EMPRESAS? ISSO INFLUENCIA AS NOTÍCIAS QUE RECEBEMOS?

A família Murdoch é dona de jornais na Austrália, no Reino Unido e nos EUA, e de muitos canais de TV.

A mídia é importante

Saber o que está acontecendo no mundo e como isso afeta nossa vida é essencial em nossa sociedade global. É importante porque podemos ter familiares que moram em outros países, trabalhar em uma empresa com colegas em escritórios no exterior, nos perguntar como os eventos mundiais afetarão os mercados financeiros globais ou estar em meio a planos de viagem. Mas quão confiáveis são as notícias e informações que recebemos da mídia? Os indivíduos que detêm e administram os meios de comunicação influenciam as notícias que recebemos? O sociólogo americano Noam Chomsky diria que as pessoas e empresas poderosas que detêm os meios de comunicação os utilizam para influenciar a população. Com base em dados estatísticos, Chomsky demonstra que a mídia americana está concentrada nas mãos de uma minoria muito rica e poderosa. Dos cerca de 25 mil produtores corporativos e independentes de notícias dos Estados Unidos, os 29 mais ricos, que incluem grandes empresas de mídia, respondem por mais da metade das notícias.

Obtendo lucro

Chomsky afirma que os veículos de comunicação reforçam as crenças e os valores compartilhados por empresas, instituições e pela mídia, e evitam criticar essas relações. Organizações de mídia são empresas de propriedade

dos acionistas, que exigem lucros, e qualquer organização que não seja financeiramente sustentável sairá do mercado. Chomsky chama a atenção para o que ele denomina "filtros", que determinam como o conteúdo de mídia é selecionado e apresentado para que a empresa tenha dinheiro em caixa.

O principal filtro é a publicidade. O dinheiro derivado dela influencia o que a mídia apresenta e a maneira como o faz. Notícias com mensagens negativas sobre companhias que estão pagando grandes somas de dinheiro em anúncios representam um dilema. Críticas ao anunciante ameaçariam futuros acordos de publicidade. O segundo filtro é a fonte. Notícias políticas muitas vezes vêm de comunicados de imprensa emitidos por funcionários do governo. As empresas de mídia que apresentam cobertura negativa do governo serão excluídas dessas reuniões no futuro. Um terceiro filtro é o medo. Jornalistas investigativos

⬇ Domínio da mídia

Algumas poucas e poderosas empresas de mídia detêm uma grande quantidade de meios de comunicação no mundo todo.

podem descobrir histórias sobre indivíduos e instituições que farão o público questionar a credibilidade destes. Empresas ou governos podem se sentir ameaçados por isso. Chomsky acredita que organizações poderosas de mídia estão ativamente envolvidas na disseminação do medo, identificando e demonizando qualquer um que critique seu status de poder.

Jornalistas cidadãos

O uso de novas mídias começou a desafiar o poder das organizações. Dispositivos portáteis, como telefones celulares e *tablets*, possibilitam que os eventos sejam gravados com facilidade, e essa cobertura pode ser distribuída por meio de sites de compartilhamento de arquivos. Embora as filmagens de um dispositivo portátil não tenham a mesma qualidade e a mesma credibilidade das reportagens profissionais, registros fornecidos por cidadãos ou membros do público desafiam a opinião de que os poderosos monopólios de mídia são a única fonte de informações válidas no mundo moderno.

Veja: 48-49, 134-135, 138-139, 140-141

A MÍDIA É UM MONOPÓLIO CORPORATIVO [...].

NOAM CHOMSKY, SOCIÓLOGO AMERICANO

Cultura moderna

Quem DECIDE

AO LONGO DO DIA, A MAIORIA DAS PESSOAS ACESSA PELO MENOS UMA FONTE DE INFORMAÇÕES. SEJA QUAL FOR O MODO COMO ACESSAMOS AS NOTÍCIAS — JORNAL, TELEVISÃO OU APLICATIVO DE CELULAR —, O QUE É CONSIDERADO NOTÍCIA E COMO O CONTEÚDO DAS NOTÍCIAS É MOLDADO POR FATORES SOCIAIS SÃO PREOCUPAÇÕES ANTIGAS DOS SOCIÓLOGOS.

MÁQUINA DE NOTÍCIAS

1. Acontece algo
"Notícias" acontecem o tempo todo, mas nossas reportagens incluem apenas aquelas que são selecionadas pelos jornalistas, editores e donos dos meios de comunicação.

2. O que se conta
O fato é trabalhado pelos jornalistas, cujos relatos serão influenciados por fatores sociais e culturais, como idade, classe, gênero, religião e etnia, tanto do jornalista como do público.

3. Fatores externos
Os elementos "estruturais", como o porte da empresa de comunicação ou o custo de cobertura de um acontecimento, também afetarão a escolha das notícias divulgadas.

Seleção de notícias

As matérias cobertas pelos noticiários, postadas nos sites de notícias e apresentadas nas páginas dos jornais são produtos de um processo de seleção. Que histórias incluir, que títulos usar e quais informações descartar ou manter, tudo é decidido por uma série de processos sociais interpessoais e organizacionais mais amplos. O modo como esses processos se combinam para moldar a estrutura e o conteúdo das notícias é importante para os sociólogos que estudam a mídia. O sociólogo americano Richard Petersen afirmou que as notícias não são nem imparciais nem objetivas. Ao contrário, o conteúdo das notícias é construído socialmente. Petersen não está dizendo que, por isso, a notícia é menos "real" ou "verdadeira". Qualquer relato de uma situação ou evento é afetado por fatores sociais, como classe, etnia, idade e sexo da pessoa que conta a história. Esses fatores moldam a maneira como todos interpretam o mundo ao seu redor, incluindo os jornalistas.

> Mais de 2,5 bilhões de pessoas leem regularmente algum jornal impresso.

Guardiões das notícias

Com base nas ideias de Petersen, o sociólogo americano de mídia Michael Schudson afirma que as histórias e informações apresentadas pela mídia são sempre o resultado de uma série de "processos seletivos". Tratam-se

Cultura e mídia

o que é notícia?

das decisões tomadas pelos "guardiões" da mídia: editores e donos dos meios de comunicação. Todos esses guardiões, sozinhos ou como parte de uma organização, desempenham um papel na determinação do que será notícia. As decisões que eles tomam incluem aonde ir em um determinado dia, como cobrir o acontecimento e o que descartar no processo de edição final.

Outras pressões

Alguns fatores estruturais impessoais também moldam o conteúdo das notícias, embora os profissionais que as produzem não tenham consciência deles. Entre esses fatores estão as restrições econômicas e organizacionais em que os guardiões das notícias trabalham. Particularmente significativas são as restrições financeiras. O custo de enviar equipes de reportagem para fora do país influencia fortemente a decisão das empresas de comunicação, sobretudo pequenas organizações independentes, de incluir ou não uma notícia em seu conteúdo. O "tempo no ar", ou o espaço no jornal, disponível para os editores também é um fator. Pesquisas realizadas por sociólogos da Universidade de Glasgow revelaram que os editores de notícias preferem incluir trechos curtos

NOTÍCIA É O QUE ALGUÉM, EM ALGUM LUGAR, QUER ABAFAR. TODO O RESTO É PUBLICIDADE.
LORDE NORTHCLIFFE, EDITOR BRITÂNICO, INÍCIO DO SÉCULO XX

e impactantes de depoimento ou imagens ao vivo do acontecimento, e que as matérias que apresentam esses elementos têm mais chance de serem veiculadas. Isso indica que os produtores de mídia conhecem seu público, que acredita que a inclusão de informações dadas por pessoas diretamente envolvidas no fato produz um relato muito mais confiável. A estrutura organizacional das empresas de mídia também tem influência no conteúdo das notícias. Em empresas independentes, uma equipe menor significa que há menos pessoas envolvidas na produção da notícia; sendo um retrato mais preciso da abordagem em relação a um acontecimento.

Veja: 134-135, 136-137, 140-141, 142-143

4. Reportagem
A notícia final é produto de vários processos que moldam o que lemos ou vemos nos noticiários.

NOTÍCIAS FRESCAS
The Media Elite, um estudo realizado pelos pesquisadores Robert Lichter, Linda Lichter e Stanley Rothman, de 1986, respalda a visão de Petersen de que a realidade é construída socialmente. As notícias não são um relatório factual sobre o mundo; não há realidade "pronta" esperando para ser informada. A notícia é construída com base em relatos e opiniões. O estudo sugere que as notícias devem ser tratadas como um produto.

Cultura moderna

Quais são suas fontes de **NOTÍCIAS**?

O QUE ACONTECE EM SUA REGIÃO, ASSIM COMO O QUE ACONTECE NO MUNDO TODO, ESTÁ DISPONÍVEL EM SEU CELULAR OU *TABLET* QUASE EM TEMPO REAL. EMBORA OS NOTICIÁRIOS DE TELEVISÃO OU JORNAIS SEJAM MAIS LENTOS, TALVEZ SEJAM MAIS CONFIÁVEIS.

O que é "notícia"?

O que é considerado "notícia" provavelmente dependerá de quem você é. Para os jovens, as notícias podem ser as tendências das mídias sociais naquele dia. Para os empresários, podem ser o estado do mercado de ações e o valor do dólar em relação ao euro. Para a maioria das pessoas, antes da virada do século XIX, as notícias eram informações sobre acontecimentos locais. Muitas vezes elas assumiam a forma de fofoca, sendo passadas de boca em boca de um membro da comunidade para outro ou anunciadas na praça da cidade pelo pregoeiro. Com a disseminação dos jornais no século XVII, as notícias nacionais passaram a estar disponíveis, mas apenas para uma minoria rica e alfabetizada. Nas décadas de 1950 e 1960, as notícias eram transmitidas pelo rádio e, depois, pela televisão, ambos artigos de luxo.

Mais notícias são boas notícias?

Como as notícias em nível local, nacional e internacional tornaram-se mais acessíveis a todos os grupos sociais, o volume de informações apresentadas ao público também cresceu. Após o *boom* das comunicações digitais e a ascensão da internet, no fim do século XX, a quantidade de informações disponíveis fez com que os consumidores pudessem agora procurar e difundir as notícias relevantes para si mesmos. Para o sociólogo espanhol Manuel Castells, os países mais avançados do mundo, em termos econômicos e tecnológicos, entraram na "era da informação". Isso significa que agora há mais atividade em torno da produção e do consumo de informações do que da produção em massa de bens de consumo.

Há cerca de 1,86 bilhão de usuários de Facebook no mundo todo.

Veja: 136-137, 138-139

O ACESSO ÀS NOTÍCIAS

Cultura e mídia

Quanto mais rápido melhor?

O surgimento de tecnologias baseadas na internet significa que as notícias são produzidas, distribuídas e consumidas mais rápido do que nunca. No entanto, a credibilidade dessas notícias é questionável. Nem todas as organizações ou indivíduos que divulgam informações se dão ao trabalho de verificar os detalhes da notícia ou colocar os fatos num contexto mais amplo. As pessoas se veem diante de um volume enorme de informações, não apenas diárias, mas também minuto a minuto, por meio de atualizações. Mais do que nunca, precisamos organizar e administrar a quantidade e o tipo de notícias que recebemos. Com a internet, independentemente de nossa localização no mundo ou do horário, as notícias podem ser acessadas por meio de emissoras situadas em qualquer lugar do planeta (desde que haja conexão). À medida que as "novas mídias", como telefones celulares e outros dispositivos portáteis, se tornaram mais acessíveis e incorporadas à vida cotidiana, elas substituíram a televisão e os jornais. Para o sociólogo americano Matthew Hindman, os avanços tecnológicos tornaram as notícias mais "democráticas", ou seja, pessoas de todas as idades e origens sociais podem acessá-las. Outros temem que as novas mídias representem uma ameaça. As informações na internet muitas vezes não são regulamentadas, e por isso, embora estejam mais acessíveis do que nunca, sua credibilidade é duvidosa.

APEGO ELETRÔNICO

O sociólogo britânico Michael Bull estudou a crescente importância que as pessoas atribuem aos novos dispositivos de mídia, como tocadores de MP3 e telefones celulares. Em seu estudo *Sound Moves: iPod Culture and Urban Experience* (2007), ele diz que os novos equipamentos foram tão incorporados ao cotidiano das pessoas que sair de casa sem eles pode ser emocional e psicologicamente estressante.

> **O AVANÇO E A DIFUSÃO DO CONHECIMENTO SÃO OS ÚNICOS GUARDIÕES DA VERDADEIRA LIBERDADE.**
> JAMES MADISON, PRESIDENTE AMERICANO, 1809-1817

Veja também: 142-143, 144-145

NUNCA FOI TÃO RÁPIDO E FÁCIL

NOVOS DISPOSITIVOS, COMO *SMARTPHONES* E *TABLETS*, PERMITEM QUE MAIS PESSOAS TENHAM ACESSO ÀS NOTÍCIAS, EMBORA A VELOCIDADE E O VOLUME DE INFORMAÇÕES DISPONÍVEIS POSSAM SER ESMAGADORES.

Cultura moderna

O que a **INTERNET FAZ** por nós?

A INTERNET MUDOU O MUNDO. PODEMOS NOS CONECTAR COM QUALQUER PESSOA, EM QUALQUER LUGAR, A QUALQUER HORA. TAMBÉM PODEMOS USAR A REDE COMO FONTE DE INFORMAÇÕES. MAS A TECNOLOGIA REALMENTE ESTÁ NOS UNINDO OU ESTÁ NOS LEVANDO AO ISOLAMENTO? E PODEMOS CONFIAR NO QUE LEMOS ON-LINE?

> A China foi o primeiro país a reconhecer o vício em internet como um distúrbio e a abrir campos especiais de tratamento.

Sociedades em rede

Entramos na era da informação. É o que diz o sociólogo espanhol Manuel Castells em *A sociedade em rede* (1996). A força central por trás dessa nova era em nossa história é a internet. Até as décadas de 1970 e 1980, as economias das sociedades mais desenvolvidas eram baseadas na produção, em escala industrial, de bens de consumo e serviços. Desde então, a informação digital, não os bens, tornou-se o foco principal do que Castells chama de "sociedades em rede". Tecnologias baseadas na internet estão gerando mudanças sociais e culturais. Uma ideia básica para Castells é que a internet aumenta a conectividade entre pessoas e lugares no mundo todo. Independentemente de sua origem social e étnica, a internet oferece um espaço virtual em que as pessoas podem se conectar com quem quiserem, quando e onde desejarem. Uma vez on-line, você pode atravessar barreiras sociais, limites temporais e fronteiras nacionais por meio da mídia digital.

CONECTANDO-SE

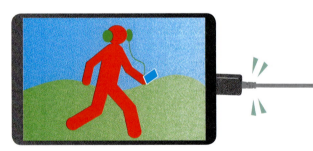
OBTENDO INFORMAÇÕES NO CAMINHO

VIAJANDO

> A INTERNET [...] PERMITE [...] A COMUNICAÇÃO DE MUITOS COM MUITOS [...] EM ESCALA GLOBAL.
>
> MANUEL CASTELLS, SOCIÓLOGO ESPANHOL

Cultura e mídia

Novas identidades e liberdades

Para a socióloga digital Deborah Lupton, a internet contribui para a solidariedade social e a identidade coletiva. Ela se concentra no surgimento das comunidades virtuais: usuários que se conectam para disputar jogos; grupos de ativistas e indivíduos com interesses políticos comuns; fóruns de autoajuda; e sites de bate-papo. Lupton descobriu que, como a internet é anônima, as pessoas se sentem livres para se expressar de maneiras que seriam impossíveis na vida real. Isso vale, sobretudo, para aqueles que são marginalizados por causa de sua identidade, como pode ser o caso dos grupos LGBT e de minorias étnicas.

Ansiedades da internet

Junto com liberdades, a internet trouxe preocupações. Como as fontes de informação nos sites geralmente não são claras, pode ser difícil dizer se as enciclopédias on-line, por exemplo, são confiáveis. Qualquer pessoa pode postar informações por interesse pessoal. Isso pode incluir alegações, falsas ou verdadeiras,

contra alguém. Uma inquietação crescente para os pais, segundo o sociólogo Roy Charkalis, é a quantidade de tempo que seus filhos ficam on-line. A mídia social é uma inovação tecnológica muito recente, e as regras e normas sobre o uso aceitável ainda precisam ser estabelecidas. Outro receio comum é que a internet isole as pessoas, tirando-as do mundo real. O sociólogo americano Paul DiMaggio investigou essa preocupação em seu estudo *Social Implications of the Internet* (2001), constatando que as pessoas que usam a internet são mais propensas a telefonar para amigos ou visitá-los do que usuários menos frequentes. Isso ocorre porque os usuários mais frequentes se sentem isolados, e por isso desejam companhia humana real. O trabalho de DiMaggio também mostra que as pessoas que usam muito a internet são mais inclinadas a buscar informações impressas em livros e revistas. Essas descobertas são importantes pois fornecem um relato, talvez inesperado, de como a internet molda as percepções e o comportamento das pessoas.

MANTENDO CONTATO

COMPARTILHANDO O GRANDE MOMENTO

⬆ **Conectado**
Em qualquer lugar, a qualquer momento, a internet pode fazer parte de nossa vida social e cultural.

ENCONTRANDO PESSOAS COM IDEIAS AFINS

Cultura moderna

Você vive ON-LINE?

AS MÍDIAS SOCIAIS SÃO MUITO IMPORTANTES PARA OS JOVENS, QUE SE COMUNICAM COM MAIS CONFIANÇA POR MEIO DE UMA IDENTIDADE ON-LINE. A INTERAÇÃO PELA REDE PODE SER VISTA COMO UM PASSO PARA O DESENVOLVIMENTO DE RELACIONAMENTOS NA VIDA REAL. MAS HÁ RISCOS EM FAZER PARTE DE UMA SOCIEDADE VIRTUAL.

Mais de 600 mil contas do Facebook são invadidas todos os dias.

Criando uma identidade

Uma identidade virtual é um conjunto de detalhes pessoais sobre quem e o que você é, que pode ou não espelhar sua identidade da "vida real". Muitos jovens criam uma identidade on-line para se comunicar com amigos e familiares em redes sociais, como Facebook, Instagram, Twitter e Snapchat. Como diz a socióloga americana Sally McMillan, aprender a encontrar seu caminho numa rede de relacionamentos on-line pode ser considerado uma preparação para interagir na vida real.

A importância do status virtual

O mundo on-line obscurece as fronteiras entre as dimensões privada e pública da vida das pessoas. O que os jovens postam na internet pode ser uma versão construída de si mesmos, projetada para elevar seu prestígio social entre seus semelhantes. Fotos tiradas num show de rock ou nas férias, ou *selfies* ao lado de uma celebridade, têm o objetivo de impressionar, e ajustes na realidade para conseguir um melhor efeito são considerados legítimos. Ser visto em vantagem no mundo on-line é vital para alguém que queira se encaixar em grupos de interesse e redes sociais. A aprovação de centenas ou até milhares de "seguidores" é um grande impulso para uma autoestima frágil. A pressão para manter uma presença virtual constante está crescendo. Experimentar o que os sociólogos chamam de "exclusão digital" pode significar um desastre social. Privar-se do acesso à internet ou excluir-se dos grupos de bate-papo pode ter um impacto negativo.

> **A INTERNET PODE SER UM PASSO MUITO POSITIVO PARA A EDUCAÇÃO E PARTICIPAÇÃO NUMA SOCIEDADE SIGNIFICATIVA.**
> NOAM CHOMSKY, SOCIÓLOGO AMERICANO

Cultura e mídia

Os riscos de um mundo virtual

O alcance quase ilimitado das redes sociais on-line traz certos riscos. Segundo a socióloga britânica Sonia Livingstone, isso vale especialmente para jovens e crianças, porque a internet restringe a capacidade dos pais de regular o que eles veem e aprendem. Muitos sites de acesso público não têm recursos para controle por parte dos pais, e uma criança navegando pela internet pode acessar, inadvertidamente, material inadequado. Outro risco é não poder conhecer a verdadeira identidade de uma pessoa por trás de um perfil virtual. Salas de bate-papo na internet e comunidades de jogos de computador podem ter, e têm, pessoas suspeitas infiltradas querendo fazer "amizade" com outras vulneráveis. O que começa como um relacionamento virtual pode acabar se tornando um perigo real. Os jovens também são as vítimas mais comuns dos crimes virtuais, como a ação de *trolls* e o *cyberbullying*, que envolvem assédio e intimidação on-line, com comentários difamatórios, insultos e até mesmo ameaças. Qualquer um que publicar detalhes pessoais num blog ou no Facebook, por exemplo, será um alvo fácil. Para muitos jovens, a internet é uma ferramenta indispensável para aprender sobre relacionamentos sociais. Mas no ambiente virtual, como na vida real, nem todo mundo que eles conhecerem será exatamente o que parecem.

SPYWARE PARA PAIS

Os pais estão cada vez mais lançando mão de dispositivos que lhes permitam monitorar o que seus filhos fazem na internet. Diversos aplicativos de celular foram desenvolvidos para que os pais possam acompanhar as atividades de mídia social dos filhos, *hackear* mensagens e fotografias publicadas on-line e até mesmo seguir os movimentos deles no mundo real, mas foram levantadas preocupações de que esse suposto *spyware* poderia ser utilizado pelas pessoas erradas.

Veja também: 56-57, 142-143

CUIDADO! VOCÊ SABE MESMO COM QUEM ESTÁ CONVERSANDO?

Tornando-se público
A criação de uma identidade virtual obscurece a distinção entre vida privada e vida pública. Detalhes na internet podem ser da conta de qualquer um.

Cultura moderna

SOCIEDADE DE CONSUMO

Na década de 1960, o termo *sociedade de consumo* começou a fazer parte da cultura dominante. Bens materiais podiam então ser fabricados em larga escala e a preços mais baixos do que nunca, permitindo que muito mais pessoas os comprassem. A indústria da publicidade surgiu para gerar o desejo por essa nova gama de bens de consumo e serviços.

INDÚSTRIA CULTURAL

Os primeiros sociólogos de mídia, como a Escola de Frankfurt (um grupo de sociólogos da Alemanha na década de 1930), consideravam a mídia moderna um dos pilares da "indústria cultural". Com isso, eles estavam se referindo ao poder das organizações que decidiam sobre as notícias e histórias que iam formar a cultura moderna no início do século XX.

Cultura e mídia
NA PRÁTICA

O MEIO É A MENSAGEM

O sociólogo canadense Marshall McLuhan desenvolveu a influente ideia de que "o meio é a mensagem" em 1964. McLuhan instava os sociólogos a focar a atenção no meio de comunicação, não no conteúdo. Em especial, ele falou sobre a televisão, que requer pouca informação do espectador, mas oferece múltiplos estímulos sensoriais.

A PRIMEIRA INTERNET

A primeira rede de computadores capazes de se comunicar foi criada em 1969. Era a Advanced Research Projects Agency Network. A Arpanet envolveu o trabalho conjunto de quatro universidades americanas, que decidiram pesquisar como os cientistas da computação poderiam desenvolver a tecnologia necessária para conectividade on-line no mundo todo.

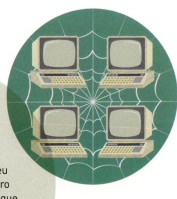

Cultura e mídia

Em 2016, o termo *fake news* ["notícias falsas"] entrou na cultura popular. As *fake news* incluem informações e relatos que parecem notícias, mas que, na verdade, são inventados, numa tentativa de influenciar as opiniões e atitudes do público. Os usuários da internet podem facilmente permanecer anônimos, facilitando a criação e disseminação de vários tipos de desinformação.

FAKE NEWS

O DECLÍNIO DOS JORNAIS

A ascensão da internet impactou negativamente os jornais. Na última década, os editores de jornais se esforçaram para competir com a rapidez e o formato intuitivo dos sites e aplicativos de notícias on-line. O número de jornais que fecharam, declararam falência ou sofreram cortes severos está aumentando, sobretudo nos Estados Unidos.

À medida que a sociedade muda com o tempo, a cultura também muda. Quando as inovações tecnológicas se popularizam, provocam mudanças nas relações sociais e também nas atividades culturais. Dois dos principais desenvolvimentos tecnológicos e culturais que moldam a sociedade moderna são a televisão e a internet.

MÍDIA SOCIAL

A crescente popularidade da mídia social baseada na internet é uma das características da cultura moderna. Em 2004, Mark Zuckerberg e amigos seus da Universidade Harvard lançaram o Facebook a partir de um computador em seu quarto no campus. Hoje, estima-se que o Facebook tenha cerca de 1,86 bilhão de usuários no mundo todo.

REDES SOCIAIS

As redes sociais são parte integrante da cultura moderna no Ocidente. Na China, elas também são populares, embora o governo procure controlar o acesso a essa tecnologia. A plataforma de mídia social mais popular da China é o Weibo. Lançado em 2009, o Weibo é monitorado de perto e, por isso, é usado para compartilhar piadas, em vez de notícias que poderiam ser controversas.

Diretório

Diretório de sociólogos

Adrienne Rich (1929-2012)
A acadêmica americana Adrienne Rich foi uma poeta e ensaísta feminista. Seu trabalho mostra como gays e lésbicas são marginalizados e estigmatizados na sociedade. Rich diz que a heterossexualidade nos é imposta, seja pelo que as pessoas dizem, seja pela forma como a sexualidade é retratada na cultura popular.

Alberto Guerreiro Ramos (1915-1982)
O sociólogo e político brasileiro Guerreiro Ramos foi um forte crítico de como os estudos sociológicos no Brasil nada fizeram para melhorar a vida de grupos minoritários do país. A falta de soluções para os problemas que muitas pessoas enfrentavam inspirou seus pensamentos sobre o que constitui uma boa sociedade. Ele observou que a sociedade era complicada demais para ser vista sob a lente de um único fator, como produção, consumo de bens ou disponibilidade de dinheiro.

Amitai Etzioni (1929-)
Sociólogo americano-israelense, Etzioni é mais conhecido por seus estudos de sociedades pequenas e autogovernadas. Ele acredita que os membros individuais de uma comunidade devem ter certos direitos e liberdades, desde que contribuam para o funcionamento geral de sua sociedade. É autor de mais de vinte livros, entre os quais o mais influente é *The Active Society* (1968).

Andrew Sayer (1949-)
O trabalho mais conhecido do sociólogo britânico Andrew Sayer é *The Moral Significance of Class* (2005), que considera questões éticas e morais relacionadas à desigualdade. Sayer examina como as classes moldam a forma de pensar das pessoas e seu modo de valorizar a si mesmas, assim como a relação entre classe social e moralidade.

Ann Oakley (1944-)
A proeminente socióloga britânica e feminista Ann Oakley destaca a visão de que as tarefas domésticas realizadas pelas mulheres devem ser vistas como trabalho tanto quanto o trabalho remunerado que se faz fora de casa. Em seu estudo *The Sociology of Housework* (1974), Oakley argumenta que o trabalho doméstico é uma das muitas formas de exploração das mulheres e de seu trabalho em uma sociedade dominada pelos homens.

Anthony Giddens (1938-) Ver pp. 116-117

Antonio Gramsci (1891-1937)
O ativista político italiano Antonio Gramsci era um comunista marxista. Em 1926, foi preso pelo Partido Fascista italiano. Enquanto estava na prisão, Gramsci desenvolveu sua teoria da "hegemonia cultural", que se refere à forma como os grupos sociais e classes dominantes manipulam os valores da sociedade para fazer com que suas próprias ideias pareçam "senso comum". Qualquer protesto, por exemplo, dizendo que os bancos cobram demais, é considerado "absurdo". As ideias de Gramsci, comunicadas aos amigos em cartas enviadas da prisão, foram publicadas pela primeira vez em 1957, vinte anos após sua morte.

Arlie Hochschild (1940-) Ver pp. 64-65

Auguste Comte (1798-1857)
O filósofo francês Auguste Comte é considerado o fundador da sociologia. Comte acreditava que os métodos usados no estudo das ciências naturais, como biologia e química, também poderiam ser usados para investigar as causas dos problemas sociais. Segundo ele, a sociedade moderna deveria ser fundada em princípios científicos e não religiosos. Suas opiniões influenciaram fortemente Émile Durkheim, o primeiro professor universitário europeu de sociologia.

Barbara Ehrenreich (1941-)
A feminista americana Barbara Ehrenreich abandonou uma carreira científica precoce para se tornar escritora e ativista política. Durante a década de 1970, ela ocupou um posto na Universidade Estadual de Nova York, onde lecionou e escreveu sobre a sociologia da saúde feminina de um ponto de vista feminista. O trabalho de Ehrenreich é muito elogiado, tendo lhe rendido inúmeros prêmios. Seus livros incluem *Miséria à americana* (2001) e *Living with a Wild God* (2014). Atualmente, ela é redatora freelancer e comentarista de questões sociais e políticas.

bell hooks (1952-)
A feminista afro-americana Gloria Jean Watkins adotou o pseudônimo bell hooks (que ela decidiu escrever com letras minúsculas). Ela sentia fortemente que o feminismo das décadas de 1970 e 1980 não levava em consideração a situação especial das mulheres negras nem entendia de fato como as classes faziam diferença nas experiências das mulheres. bell hooks ajudou a desenvolver o conceito de "interseccionalidade", enfatizando que a opressão das mulheres não é apenas uma questão de gênero, mas também de raça e classe.

Boaventura de Sousa Santos (1940-) Ver pp. 106-107

Bruno Latour (1947-)
O filósofo e sociólogo francês Bruno Latour é mais conhecido por sua teoria "ator-rede". Sua ideia básica é que nossa vida cotidiana é composta de interações (ou redes) entre pessoas, e que sem essas redes nada aconteceria. Latour afirma que as redes incluem a tecnologia, que é tão importante quanto as pessoas na criação da sociedade.

Bryan S. Turner (1945-)
Nascido na Inglaterra, Turner viveu no mundo todo e lecionou em universidades da Europa, Ásia, Estados Unidos e Austrália. Os

Diretório

tópicos sociológicos que abordou cobrem desde a maneira como pensamos o nosso corpo, do ponto de vista cultural e biológico, até a forma como as religiões foram transformadas pela sociedade moderna.

Charles Wright Mills (1916-1962) Ver pp. 46-47

Christine Delphy (1941-)
Socióloga e feminista francesa, Delphy fundou o Movimento de Libertação das Mulheres na França, em 1970. É uma "feminista materialista", o que significa que estuda o efeito da desigualdade sobre as mulheres no ambiente doméstico. Segundo ela, os homens exploraram as mulheres, especialmente com o contrato de casamento, que Delphy descreve como um "contrato de trabalho".

Edward Said (1935-2003)
O palestino-americano Edward Said estudou as experiências de povos que haviam se tornado colônias da Europa e da América. Seu principal texto, *Orientalismo* (1978), mostra que a cultura ocidental deturpa a imagem das pessoas do Oriente, dizendo que elas são, de alguma forma, fracas e inferiores.

Elijah Anderson (1943-) Ver pp. 26-27

Émile Durkheim (1858-1917) Ver pp. 74-75

Erving Goffman (1922-1982)
O trabalho do sociólogo americano-canadense Erving Goffman é mais associado ao interacionismo simbólico da Escola de Chicago, uma escola de pensamento que compara a forma como nos comportamos socialmente a uma peça encenada no palco. Em nossa vida cotidiana, assumimos "papéis", os quais modificamos de acordo com o que está acontecendo ao nosso redor. O resultado é que a vida social parece previsível e bem direcionada: por exemplo, esperamos que um paciente no hospital aja como uma pessoa doente. O trabalho de Goffman inclui *A representação do eu na vida cotidiana* (1956), *Manicômios, prisões e conventos* (1961) e *Estigma* (1963).

Ferdinand Tönnies (1855-1936)
Um dos primeiros sociólogos do mundo, o alemão Ferdinand Tönnies tentou entender as mudanças rápidas e dramáticas que testemunhava na sociedade de sua época. O que o interessava especialmente era como a expansão da vida urbana alterava os laços tradicionais que as pessoas tinham umas com as outras. Ele identificou uma tensão entre a *Gemeinschaft* (comunidade) da vida rural e a *Gesellschaft* (associação) da vida urbana.

Fernando Henrique Cardoso (1931-)
O sociólogo e político brasileiro Fernando Henrique Cardoso escreveu sua tese de doutorado na Universidade de São Paulo sobre o tema da escravidão no Brasil. Ele ocupou cargos em prestigiosas instituições de ensino, como a Universidade de Cambridge, a Universidade Stanford e a Universidade da Califórnia. Sempre ativo politicamente, Fernando Henrique Cardoso foi o 34º presidente do Brasil, tendo governado de 1995 a 2002. Agora, aposentado do cargo público, é membro e ex-presidente da Comissão Global de Políticas sobre Drogas.

Georg Simmel (1858-1918)
O sociólogo alemão Georg Simmel baseou seu trabalho em pequenas observações da vida cotidiana: a maneira como as pessoas andam, conversam e se deslocam pela cidade. Ele ficou fascinado ao ver que a vida urbana molda nossa consciência sobre o que há ao nosso redor. O trabalho de Simmel lançou as bases para a sociologia urbana, explorando os modos de comunicação e interação entre as pessoas.

George Owusu
As rápidas mudanças no ambiente urbano de sua terra natal, Gana, formaram a base da pesquisa de George Owusu. O que ele revela é a necessidade de ir além do que as sociedades ocidentais entendem sobre espaço pessoal e propriedade. As sociedades africanas precisam de seus próprios modelos de vida urbana, que, por exemplo, coloquem as questões de identidade e parentesco acima das considerações econômicas. George Owusu leciona na Universidade de Gana.

George Ritzer (1940-)
O sociólogo americano George Ritzer diz que muitos aspectos da vida cotidiana estão sendo organizados, cada vez mais, como uma cadeia de lanchonetes fast-food, ou seja, tudo está se tornando igual e obtemos exatamente o que esperamos. Isso faz a vida sem graça, porque não há surpresas, sem qualquer sensação de entusiasmo ou novidade.

Harold Garfinkel (1917-2011)
O sociólogo americano Harold Garfinkel foi o fundador da etnometodologia, um modo de estudar a sociedade focado em como as pessoas se conectam umas às outras por meio de linguagem, gestos e comportamento. Sua obra mais famosa, *Estudos de etnometodologia* (1967), baseia-se numa série de observações diretas. As ideias de Garfinkel agora fazem parte da sociologia tradicional.

Hartmut Rosa (1965-)
O trabalho de Harmut Rosa baseia-se nas ideias de alienação do alemão Karl Marx, a sensação de estar distante da vida porque não temos controle sobre ela. Ele argumenta que a sociedade moderna agora se move tão rápido que as pessoas lutam, num tempo aparentemente cada vez menor, para conseguir dar conta de todas as demandas. O resultado é uma sensação de incapacidade de encontrar nosso verdadeiro eu e fazer as coisas que queremos.

Helga Nowotny (1937-)
Uma das principais sociólogas da Áustria, Helga Nowotny escreveu muito sobre a sociologia da ciência e da tecnologia, mostrando como a sociedade afeta a ciência e a ciência afeta a sociologia. Ela também se interessa pela sociologia do tempo e pelo modo como as ideias de tempo são construídas por diferentes sociedades de maneiras diferentes, como é discutido em *Time: The Modern and Postmodern Experience* (1989).

Henri Lefebvre (1901-1991)
O sociólogo francês Henri Lefebvre estudou a forma como as cidades funcionam e o modo como o espaço urbano é definido pelo controle e

pelo conflito. Em seu livro, *The Production of Space* (1991), ele diz que as sociedades capitalistas gostam de tratar o espaço como um produto comercial, e as pessoas comuns tentam resistir a isso. Lefebvre acreditava que todos têm "direito à cidade", o que requer uma abordagem radical para afastar o poder do *establishment* e das elites.

Herbert Marcuse (1898-1979)
O alemão-americano Herbert Marcuse se associou a um grupo de estudiosos marxistas conhecido como Escola de Frankfurt. Ele passou sua carreira tentando descobrir como o consumismo afetava as pessoas. Segundo ele, o consumismo criava falsas necessidades em vez de desejos reais de cuidar dos outros e melhorar a sociedade em que vivemos.

Howard Becker (1928-) Ver pp. 84-85

Jean Baudrillard (1929-2007)
A obra mais conhecida do sociólogo e filósofo francês Jean Baudrillard é seu exame do poder da mídia na sociedade. Ele descobriu que a percepção das pessoas sobre as imagens da mídia hoje é que elas parecem mais reais do que os eventos que retratam, uma situação a qual chamou de "hiper-realidade". Baudrillard expressou seus pontos de vista em seu controverso livro *The Gulf War Did Not Take Place* (1991).

Jeffrey Alexander (1947-)
O sociólogo americano Jeffrey Alexander trabalha na Universidade Yale, onde é codiretor do Center for Cultural Sociology. Ele acredita que as ideias e valores culturais são mais importantes do que a classe social para moldar nossa maneira de pensar e agir. Um dos principais teóricos sociais do mundo, Alexander descreve sua abordagem à sociologia em *The Meanings of Social Life* (2003). Ele ocupou cargos em universidades do mundo todo, incluindo a Universidade de Cambridge, e recebeu inúmeros prêmios internacionais por seu trabalho.

Judith Butler (1956-) Ver pp. 20-21

Karl Marx (1818-1883) Ver pp. 36-37

Löic Wacquant (1960-)
O aumento no número de pessoas presas foi o ponto central do trabalho de Löic Wacquant, tanto em seu país de origem, a França, quanto nos Estados Unidos. Wacquant afirma que presídios lotados, na verdade, não têm nada a ver com criminalidade crescente. Ele acredita, ao contrário, que os presídios estão sendo utilizados como uma forma de oprimir certos grupos étnicos minoritários e pessoas à margem da sociedade.

Manuel Castells (1942-)
Estabelecido na Universidade do Sul da Califórnia, Manuel Castells é um sociólogo espanhol cujo trabalho se concentra na globalização e na comunicação. Ele estuda o impacto das tecnologias baseadas na internet como a força por trás da mudança social. Castells expõe suas ideias em *A sociedade em rede* (1996).

Max Weber (1864-1920) Ver pp. 58-59

Michael Löwy (1938-)
Nascido no Brasil, Michael Löwy mudou-se para a França quando adulto, sendo mais conhecido por seus escritos sobre Marx e a teoria marxista. Ele defende uma crítica romântica do capitalismo, dizendo que precisamos de visões de um mundo futuro melhor, construído com alguns dos melhores aspectos da sociedade, como a cooperação, antes que o capitalismo se tornasse hegemônico.

Michel Foucault (1926-1984)
Michel Foucault foi um filósofo e teórico social interessado em questões de poder e no modo como ele é exercido, não apenas pela força física, mas também pela categorização das pessoas como diferentes ou problemáticas. Em seu livro *Vigiar e punir* (1975), ele desenvolveu suas ideias sobre vigilância. Foucault acreditava que a eficácia da vigilância estava no fato de que as pessoas só precisam pensar que estão sendo observadas (mesmo que provavelmente não estejam) para seguir regras. Suas ideias também foram adotadas nos campos dos estudos culturais, da arqueologia e da literatura.

Nancy Chodorow (1944-)
A socióloga e psicanalista feminista Nancy Chodorow passou a maior parte de sua carreira na Universidade da Califórnia. Ela usou seu treinamento psicanalítico como base para um trabalho sociológico, produzindo uma série de estudos altamente influentes, como *Psicanálise da maternidade* (1978) e *Feminism and Psychoanalytic Theory* (1989).

Niklas Luhmann (1927-1998)
O teórico alemão Niklas Luhmann queria saber como as sociedades funcionam. Ele desenvolveu a "teoria dos sistemas", em que a sociedade é composta de diferentes sistemas sociais, como lei, educação, economia, política e assim por diante. Luhmann afirmou que cada sistema só entende realmente a sociedade mais ampla em seus próprios termos. Por exemplo, o sistema econômico vê tudo sob a perspectiva do dinheiro. Isso, disse Luhmann, provoca atrito quando os sistemas colidem uns com os outros.

Norbert Elias (1897-1990)
Norbert Elias foi um pensador alemão forçado, como judeu, a fugir de seu país natal quando o Partido Nazista subiu ao poder antes da Segunda Guerra Mundial. Elias se refugiou na Inglaterra em 1935. Durante esse período, ele continuou sua obra mais famosa, *O processo civilizador* (1939), um estudo histórico das mudanças de comportamento e postura na sociedade ocidental desde os tempos medievais.

Patricia Hill Collins (1948-)
Patricia Hill Collins leciona sociologia na Universidade de Maryland, tendo recebido o título de *distinguished professor*. Ela desenvolveu o conceito de "interseccionalidade", cunhado por Kimberlé Crenshaw, que explora as maneiras pelas quais a etnia, como ser negro americano, se sobrepõe, em "intersecção", a outros aspectos da identidade, como classe e gênero. Seu livro *Black Feminist Thought* (1991) recebeu o Prêmio C. Wright Mills da American Sociological Association como um trabalho extraordinário e inovador.

Diretório

Pierre Bourdieu (1930-2002) Ver pp. 126-127

Ray Pahl (1935-2011)

O sociólogo britânico Ray Pahl afirmou que o trabalho não se restringe a algo que as pessoas são pagas para fazer em um escritório, ocorrendo também na forma de acordos não remunerados entre amigos e na comunidade em geral. Sua obra mais inovadora foi um estudo aprofundado dos acordos de trabalho na ilha de Sheppey, no Reino Unido. No fim da carreira, Pahl se concentrou na amizade e no modo como as pessoas mantinham suas conexões num mundo fragmentado e desafiador.

Richard Sennett (1943-)

Escrevendo sobre os mais variados tópicos, o sociólogo americano Richard Sennett explorou o que vê como os efeitos nocivos do capitalismo na vida das pessoas comuns. Uma de suas afirmações mais importantes é que o capitalismo tirou o sentido da vida. Segundo Sennett, isso acontece, sobretudo, no ambiente de trabalho, onde estilos modernos de gerenciamento impedem que os funcionários obtenham satisfação profissional e tenham noção de seu próprio valor.

Robert D. Putnam (1941-)

O sociólogo americano Robert D. Putnam é mais conhecido por um conceito que ele chamou de "capital social", popularizado em seu livro *Bowling Alone* (2000). Em linhas gerais, ele afirma que as sociedades funcionam melhor quando as pessoas sentem e mantêm laços estreitos de comunidade. Putnam acredita que quanto mais laços temos com os outros, maiores as chances de que as sociedades gozem de boa saúde, baixos índices de criminalidade e felicidade em geral.

Samuel Bowles (1939-) e Herbert Gintis (1940-)

Embora ambos os sociólogos sejam dos Estados Unidos, Samuel Bowles é marxista e professor de economia, e Herbert Gintis é um cientista comportamental e sociobiólogo cujo trabalho segue a teoria de que o comportamento social é influenciado por nossos genes. Juntos, Bowles e Gintis escreveram um estudo clássico sobre educação numa sociedade capitalista, *Schooling in Capitalist America* (1976).

Saskia Sassen (1949-) Ver pp. 112-113

Sharon Zukin

Há muito tempo, a cidade é uma área de estudo dos sociólogos. O trabalho da acadêmica americana Sharon Zukin esclareceu os processos por trás da "gentrificação": a reformulação dos distritos para atender aos padrões de classe alta. Seu estudo *Loft Living* (1982) mostra que a área do SoHo, em Nova York, antes um distrito de fabricantes de roupas e posteriormente de estúdios de arte, tornou-se um bairro mais cobiçado, com apartamentos e butiques sofisticados.

Stuart Hall (1932-2014)

Nascido na Jamaica, Stuart Hall foi um dos sociólogos e teóricos mais influentes da Grã-Bretanha. Seu trabalho abrangeu várias áreas distintas, mas ele enfatizou as complexas experiências de ser negro e britânico e as diversas formas como o racismo operava na sociedade britânica. Cultura foi outro de seus interesses, e ele liderou o que ficou conhecido como "A Escola de Birmingham", que examinou de que maneira os jovens davam sentido à própria vida criando subculturas em torno da música e do estilo.

Sylvia Walby (1953-)

A proeminente socióloga feminista britânica Sylvia Walby fez muitas pesquisas sobre os efeitos do patriarcado (poder masculino) na sociedade. Ela identificou o patriarcado em seis esferas da vida: na cultura, no local de trabalho, na política, na sexualidade, na lei e na violência contra as mulheres. Walby trabalhou para a Unesco no desenvolvimento de políticas para promover a igualdade de gênero.

Talcott Parsons (1902-1979)

O sociólogo americano Talcott Parsons foi associado a uma forma de sociologia que conhecemos como funcionalismo estrutural. A ideia básica é que, para alcançar uma sociedade estável, todos devem desempenhar um papel na manutenção da ordem social. O segredo é a socialização: aprender a se comportar de maneira aceitável.

Thorstein Veblen (1857-1929)

O norueguês-americano Thorstein Veblen foi um dos primeiros sociólogos a tentar lidar com a cultura do consumo: uma sociedade na qual nossos valores e estilos de vida são moldados pela compra e uso de bens e serviços. Ele observou que as pessoas tentavam imitar os hábitos de consumo dos membros mais ricos da sociedade como um modo de elevar seu próprio status social, o que ele chamou de "consumismo ostentatório". O termo *bens de Veblen* é usado para descrever bens cuja demanda cresce conforme o preço aumenta.

Ulrich Beck (1944-2015) e Elisabeth Beck-Gernsheim (1946-)

O casal de sociólogos alemães Ulrich Beck e Elisabeth Beck-Gernsheim escreveu inúmeros livros, incluindo *Distant Love* (2013), que trata da natureza mutável das relações românticas num mundo globalizado. Segundo Ulrich Beck, a globalização aumenta o risco de desastres ambientais e rupturas da ordem social. Ele apresentou essas visões em seu livro *Sociedade de risco* (1992).

W. E. B. Du Bois (1868-1963)

Sociólogo americano e ativista dos direitos civis, William Du Bois foi o primeiro afro-americano a obter um doutorado da Universidade Harvard, em 1895. Depois de conseguir um emprego na Universidade de Atlanta, ele escreveu o que agora são considerados estudos clássicos sobre a identidade e as experiências dos afro-americanos na sociedade de seu país. Os mais famosos deles são *The Philadelphia Negro* (1899) e *As almas da gente negra* (1903). A Lei de Direitos Civis dos Estados Unidos de 1964, ano seguinte à morte de Du Bois, implementou muitas das liberdades civis que ele defendeu por toda a vida, inclusive tornando ilegais a segregação racial e a discriminação.

Zygmunt Bauman (1925-2017) Ver pp. 132-133

Glossário

Agência
Na sociologia, a capacidade de agir de forma independente e fazer escolhas livres.

Alienação
Termo usado no **marxismo** para indicar um sentimento de desconexão de amigos, trabalho e sociedade. A alienação é comum entre os trabalhadores que não podem opinar em relação ao que fazem ou aos bens que produzem.

Ambiente
Meio em que uma pessoa, animal ou planta vive.

Anomia
Estado de falta de objetivo e confusão. É o que as pessoas sentem quando a sociedade normal subitamente entra em colapso e as regras e padrões familiares deixam de ter significado.

Ativista
Pessoa com fortes convicções políticas ou sociais que toma medidas para mudar um sistema existente. Os ativistas geralmente pertencem a grupos organizados.

Capitalismo
Tipo de sistema econômico no qual empresas e serviços podem ser de propriedade privada, pertencendo a indivíduos (e não a governos) e sendo administrados para fins lucrativos.

Classe
Grupo de pessoas praticamente iguais em termos de poder, riqueza e status social.

Classe executiva
Pessoas que possuem e administram empresas, usando funcionários remunerados para realizar o trabalho.

Classe média
Grupo social entre a **elite** e a **classe trabalhadora**. Os indivíduos de classe média costumam ser **trabalhadores de colarinho-branco**, com estilos de vida relativamente seguros e níveis intermediários de riqueza.

Classe social
Um dos grupos sociais em que as pessoas são frequentemente colocadas de acordo com fatores como riqueza, educação e status. (*Ver também* **Elite**; **Classe média**; **Classe trabalhadora**.)

Classe trabalhadora
Descrição tradicional de pessoas que fazem uma série de trabalhos qualificados ou não qualificados, mas que geralmente têm baixo status social. (*Ver também* **Trabalhador de colarinho-azul**.)

Colonialismo
Sistema no qual um país domina outro e o transforma numa colônia estabelecida. A nação colonizadora, que detém todo o poder político, explora os recursos da colônia para obter lucro financeiro.

Comunidade
Grupo de pessoas com interesses ou características em comum (como ser gay) que não necessariamente moram no mesmo lugar.

Conjunto de dados
Grupo de informações para processamento em computadores — por exemplo, dados do censo — que podem ser vistos como itens separados ou como um conjunto.

Construção social
Ideia moldada pela origem social de uma pessoa e não baseada na realidade. Por exemplo, as crenças sobre **classe**, **gênero**, sexualidade ou raça muitas vezes são construções sociais.

Consumidor
Pessoa que compra bens e serviços para uso próprio.

Consumismo ostentatório
Ato de gastar dinheiro em bens e serviços caros e desnecessários com o objetivo de exibir riqueza e status.

Cooperativa
Empresa que pertence a seus trabalhadores e é gerida por eles. Os membros de uma cooperativa têm voz ativa na tomada de decisões, além de participação nos lucros.

Corporação transnacional (CTN)
Empreendimento de grande porte que compreende uma empresa controladora e uma rede de

Glossário

empresas relacionadas que operam em muitos países ao redor do mundo. As corporações transnacionais costumavam ser chamadas de multinacionais.

Cultura
Artes, atividades, ideias, costumes e valores compartilhados por membros de determinado grupo ou sociedade.

Dados
Estatísticas, números e outros itens de informação coletados para estudo ou referência.

Datavaillance
Rastreamento das atividades das pessoas por meio de seus sistemas de dados eletrônicos pessoais. Inclui o monitoramento de chamadas de celular, uso da internet e e-mails.

Depressão
Transtorno mental de longo prazo que causa sentimentos de tristeza, desesperança e falta de interesse pela vida. Pessoas com depressão também podem ter problemas físicos, incluindo dores de cabeça, dores nas articulações e cansaço extremo.

Desviado
Indivíduo ou tipo de comportamento que rompe com as regras normais de determinada sociedade.

Dever moral
Responsabilidade de agir de uma forma que a sociedade considera correta.

Dialética
Dois pontos de vista opostos que se juntam para produzir algo novo.

Discriminação
Tratamento injusto das pessoas devido a fatores como cor da pele, sexo e idade.

Doença mental
Uma das várias condições que podem afetar o humor, os sentimentos, a personalidade e o comportamento de uma pessoa em graus variados.

Elite
Grupo de pessoas que gozam da mais alta posição em sua sociedade, além da maior riqueza e do maior poder.

Emprego
Trabalho remunerado.

Entrevista semiestruturada
Método de pesquisa sociológica que envolve o entrevistado numa conversa informal e estimula a liberdade de expressão.

Estado
Termo geral para uma nação ou região política com fronteiras reconhecidas e um sistema organizado de governo. Um estado também pode ser um território distinto dentro de uma nação.

Estereótipo
Ideia generalizada e fixa sobre uma pessoa ou um grupo de pessoas. Os estereótipos geralmente apresentam uma visão simplificada, criando imagens exageradas ou imprecisas.

Estigma
Forte senso de vergonha ou desaprovação pública que impede que uma pessoa seja totalmente aceita numa sociedade.

Estrutura
Parte da vida de uma pessoa, como a **classe social** ou a origem étnica, que está além de seu controle.

Estrutura social
As **instituições** sociais e relações que compõem o cenário de uma sociedade.

Ética de trabalho
Crença no valor do trabalho duro, que supostamente aumenta o valor e o caráter de uma pessoa.

Etnia
Idioma, cultura e crenças que dão **identidade** a um grupo.

Etnografia
Estudo dos povos e de suas culturas.

Feminismo
Crença de que mulheres e homens devem ter direitos sociais, políticos e financeiros iguais.

Gemeinschaft
Palavra alemã que significa "comunidade". O termo descreve laços profundos e valores compartilhados entre as pessoas.

Gênero
As crenças sociais e culturais sobre homens e mulheres, assim como suas diferenças biológicas.

Gesellschaft
Palavra alemã que significa "associação". O termo descreve os relacionamentos práticos, funcionais e não pessoais entre pessoas de uma organização ou área maior.

Globalização
Processo pelo qual as sociedades do

Glossário

mundo todo se conectam no âmbito do comércio, da indústria, das comunicações e de intercâmbios culturais.

Glocalização
Mistura de valores que ocorre quando bens de consumo e serviços globalmente disponíveis são adaptados para se adequarem a gostos e culturas locais.

Grupo de discussão
Método de pesquisa frequentemente usado pelos sociólogos, envolvendo um grupo de pessoas que se reúnem para falar sobre um assunto ou situação especial.

Habitus
Estilo de vida e gostos culturais compartilhados por pessoas que pertencem a determinado grupo social.

Hegemonia
Poder ou autoridade que um grupo usa para controlar os outros.

Heterossexual
Pessoa que é atraída por pessoas do sexo oposto.

Identidade
Sentido de quem somos e como os outros nos veem em termos de características como **gênero**, aparência e personalidade.

Identidade virtual
Perfil pessoal criado em ambiente on-line para **mídia social**, que pode não ser uma imagem real do usuário.

Individualismo
Ideia de que a liberdade de pensamento e ação de cada um é a coisa mais importante de uma sociedade.

Instituições
Regras de organizações que formam os alicerces da sociedade, como religião, educação e lei.

Marxismo
Teoria social desenvolvida com base nas ideias de Karl Marx (ver pp. 36-37) e Friedrich Engels, pensadores e sociólogos alemães do século XIX. O marxismo diz que existem duas classes principais na sociedade. Uma, a classe dominante, explora a outra, a classe trabalhadora, para seu próprio lucro. Marx acreditava que esse sistema injusto deveria ser derrubado.

Mídia
Às vezes conhecida como mídia de massa, os vários tipos de meio de comunicação que trazem informações ao público, entre eles jornal, rádio, televisão e internet.

Mídia social
Sites e aplicativos de celular que permitem que os usuários se comuniquem on-line, compartilhem informações, notícias e ideias e façam amizades.

Mobilidade social
Movimento de pessoas, como indivíduos ou grupos, de uma **classe social** para outra.

Mudança climática
Mudanças de longo prazo nas temperaturas globais e nos padrões climáticos. A maioria dos cientistas concorda que as atividades humanas, como a queima de combustíveis fósseis, estão contribuindo para o atual aquecimento do clima mundial.

Norma
Regra ou padrão social amplamente aceito.

Onívoro cultural
Alguém que gosta de todos os tipos de atividade social, da cultura "intelectual", como o balé, à cultura popular, como o rock.

Papéis
Os tipos de comportamento que são esperados das pessoas na sociedade, muitas vezes relacionados ao **gênero** ou à idade delas.

Pesquisa
Usada com frequência no meio sociológico, é um método de coleta de informações que consiste numa série de perguntas cuidadosamente elaboradas. As pesquisas são projetadas para descobrir o máximo possível sobre o que as pessoas fazem e pensam.

Pobreza
A falta de itens de necessidade básica, como comida, moradia e roupas, é chamada de pobreza absoluta. Pobreza relativa significa falta da quantidade mínima de posses ou renda aceitável dentro de uma sociedade.

Precariado
Termo resultante da fusão das palavras *precário* ("inseguro") e *proletariado* ("pessoas que trabalham"), utilizado para descrever pessoas sem garantia de emprego ou renda.

Proletariado
Termo marxista que descreve pessoas da **classe trabalhadora**.

Glossário

Racionalização
Teoria do economista e sociólogo alemão Max Weber (ver pp. 58-59), segundo a qual a sociedade moderna está cada vez mais organizada em torno dos valores da razão, da lógica e da eficiência.

Racismo
Tratamento injusto das pessoas devido às suas origens étnicas e, sobretudo, à cor da pele. O racismo é baseado em ideias equivocadas sobre supostas diferenças biológicas.

Racismo ambiental
Ato de ignorar os direitos ambientais dos grupos minoritários, por exemplo, expondo as pessoas a produtos químicos perigosos ou destruindo sua terra natural.

Reabilitação
Restauração da normalidade. A reabilitação de criminosos, geralmente com terapia ou educação, os ajuda a serem aceitos de volta na sociedade.

Religião
Sistema de crença num único deus, em diversos deuses ou em outro poder sobrenatural. A maioria das religiões envolve ritos e cerimônias de algum tipo.

Rural
Relativo ao campo.

Secularização
Mudança que ocorre quando a religião perde sua influência e outros valores e regras culturais se tornam mais importantes para a sociedade.

Sexismo
Preconceito e tratamento injusto de alguém pelo simples fato de ser mulher ou homem.

Socialização
Processo pelo qual as pessoas, especialmente as crianças, aprendem a se encaixar na sociedade e se comportar como esperado.

Sociedade de massa
Sociedade moderna e industrializada composta, em sua maioria, de grupos de pessoas que têm uma cultura geral em comum, mas que não estão intimamente ligadas umas às outras.

Status
Posição social e profissional de uma pessoa dentro de uma sociedade.

Subcultura/Subtribo
Grupo de pessoas cujos interesses e comportamentos em comum as diferenciam da sociedade tradicional. Os membros de subculturas muitas vezes se identificam vestindo roupas diferentes, ouvindo certos tipos de música ou adotando um nome coletivo.

Trabalhador de colarinho-azul
Descrição de uma pessoa que faz trabalho manual em vez de um trabalho de escritório. O termo refere-se ao macacão azul comumente usados pelos trabalhadores no início do século XX. (*Ver também* **Trabalhador de colarinho-branco**.)

Trabalhador de colarinho-branco
Alguém cujo trabalho não envolve trabalho manual, como um trabalhador de escritório. (*Ver também* **Trabalhador de colarinho-azul**.)

Trabalho doméstico
Trabalho não remunerado realizado em casa, como cozinhar, limpar e cuidar dos filhos.

Trabalho emocional
Trabalho que exige que os funcionários administrem seus sentimentos como parte da função. Por exemplo, para melhorar a imagem de uma empresa, uma pessoa pode ser solicitada a se mostrar sempre amigável ou compreensiva em relação ao público.

Transexual
Alguém que tem um forte desejo de ser do sexo oposto. Uma pessoa transexual pode procurar ajuda médica e cirúrgica para mudar sua aparência física. (*Ver também* **Transgênero**.)

Transgênero
Termo que descreve uma pessoa cujo comportamento e senso de identidade não correspondem a seu sexo biológico. (*Ver também* **Transexual**.)

Urbano
Relativo a uma cidade.

Valores
O que as pessoas de uma sociedade acreditam ser o comportamento, as atitudes e os objetivos corretos.

Vigilância
Observação rigorosa de pessoas e lugares para prevenir o crime. Pode envolver tecnologias como câmeras de vigilância e vigilância de dados (*dataveillance*), que usa um *software* de computador para monitorar os dados pessoais de alguém.

Índice remissivo

Observação: os números de página em **negrito** se referem às principais ocorrências.

A

abuso 25, 32
afro-americanos *ver* pessoas negras
agência 100
agnosticismo 53
Al-Akhawayn Bukhari 90
Alexander, Jeffrey **148**
alienação 26, 37, 61, 68, 90
alterações climáticas 114, 117
Anderson, Elijah **26-27**
anomia 74, 90
ansiedade 88-89, 131
aquecimento global 114, 117
Ariès, Phillipe 38
Arpanet 146
Arrighi, Giovanni 105
autoidentidade 116, 122-123
automação 62-63, 66

B

Ball, Kirstie 66
Baudrillard, Jean **148**
Bauman, Zygmunt 7, 108-109, 130-133
Beauvoir, Simone de 38
Beck, Ulrich 119, 148
Beck-Gernsheim, Elisabeth **148**
Becker, Howard **84-85**
benefícios estatais 99
benefícios sociais 99
bens de consumo 35, 89, 96-97, 110, 122-124, 127, 131, 133, 142, 146

Bentham, Jeremy 81
Berger, Peter 44
biologia e identidade de gênero 16
Bourdieu, Pierre 35, 43, 101, 124-125, **126-127**
Bowles, Samuel 42-43, **148**
Braverman, Harry 66
budismo 50, 52
Bull, Michael 141
Busfield, Joan 88
Butler, Judith 17, **20-21**

C

câmeras de circuito interno 66-67, 80-81, 91
Campbell, Colin 122
capital cultural 35, 43, 127
capital econômico 35, 127
capital social 35, 43, 57, 101, 127
capitalismo 36-37, 102, 108
religião e 51, 58-59, 61
Cardoso, Fernando Henrique **148**
casamento 32-33, 45, 130
Castells, Manuel 109, 140, 142, **148**
Chan, Angelique 30
Charkalis, Roy 143
China 105
Chodorow, Nancy **148**
Chomsky, Noam 136-137, 144
chuva ácida 119
cidades 54-55, 68-69, 113
globais 112
ciência e religião 52
Clarke, Roger 66
classe dominante 35-36
classe executiva 96-97

classe média 34-35, 46, 101, 125
classe ociosa 96, 128
classe trabalhadora 34-36, 43, 65, 101
classes 34-35, 46
e cultura 124-126
e educação 43
e identidade 14, 34-35, 38, 116
Marx sobre 36-38
mobilidade social 101
coesão social 50
Collins, Patricia Hills **148**
colonialismo 102, 104, 118
comércio justo 109, 119
compras 122-123, 129, 133
Comte, Auguste **148-149**
comunidade
e ambiente 115
e religião 51, 75
etnografia 11
sentido de 56-57, 68-69, 122
urbana e rural 54-55, 68
comunidades virtuais 56, 131, 142-143
conectividade 110, 142-143
conformidade 43
conhecimento 106-107
e mídia 136, 141
Connell, Raewyn 17
construções sociais 14-15
gênero 17, 21
infância 38
notícias 138-139
raça 24
consumismo ostentatório 96-97
controle 62, 81
individual × da sociedade 100
corpo e identidade 15
corporações transnacionais

(CTNs) 108-110, 131
crianças
abuso de 32
e experiência familiar 32
cristianismo 51-53, 103
crime
comportamento desviante 84-85
de colarinho-branco 78-79
motivação para 72-73
quebrar as regras 76-77
resolvendo 82-83
criminosos em série 82-83
cultura 45, 124-127, 131, 146
cultura de celebridades 119
currículo 42-43
cyberbullying 145

D

dados, conjuntos de 11
dataveillance 66-67
Davis, Kingsley 100
Delphy, Christine **149**
depressão 88-89
desaprovação, medo de 77
desemprego 99
desencantamento 58-59, 64, 74
desigualdade 6
de oportunidade 100-101
e a armadilha da pobreza 98-99
e doenças mentais 88-89
e globalização 107
e instituições 45
e mulheres 18-19, 65
e raça 24, 25, 38, 102-103
e saúde 30, 86-87
e status 96-97
e super-ricos 94-95
mundo dividido 106

Índice remissivo

países em desenvolvimento 104-105
deviados 84-85, 90
diferença salarial pelo gênero 18-19
DiMaggio, Paul 143
direitos civis 25
direitos humanos 20, 103, 106
discriminação
  contra as mulheres 16, 18
  contra os doentes mentais 89
  contra os homossexuais 29
  contra os países em desenvolvimento 104
  racial 24-25
divórcio 32, 130
doenças mentais 15, 88-90, 131
Douglas, John 83
Du Bois, W. E. B. 38, 43, 102, **148**
Durkheim, Émile 35, 50-52, 68, 72, **74-75**, 76-77, 90

E

economia dos países em desenvolvimento 104-105
ecossistemas 109, 119
educação 42-43, 45, 69, 101, 127
efeito Roseto 57
Ehrenreich, Barbara 95, **149**
Eitzen, D. Stanley 79
Elias, Norbert 77, **149**
eliminação de resíduos 114-115
elite 45-46, 48, 61
elite política 35
Ellis, Vaughan 62
emoções 64-65
emprego *ver* trabalho
energia renovável 115

Engels, Friedrich 36-37
entrevistas "semiestruturadas" 10
era da informação 140-141
Escola de Birmingham, 151
Escola de Chicago 54
Escola de Frankfurt, 74
escolas 42-43, 101
escolha de cor
  e gênero 16
  e subculturas 23
escravidão 102-103
espaço de fluxos 109
espaço e poder 48-49
estabilidade no emprego 62, 69
estereótipos
  família 32
  gênero 19
  racial 87
  saúde mental 88
  terceira idade 31
estigmatização 15, 25, 89
estruturas sociais 100
ética protestante do trabalho 51, 59, 61, 68
etnia 14, 24, 83
  e saúde 87
etnografia 11
Etzioni, Amitai **149**
eventos para fãs de quadrinhos, filmes e ficção científica 22
exclusão digital 144
expectativa de vida 30, 86-87

F

Facebook 25, 67, 95, 109, 140, 144-145, 147
fake news 147
família 32-33, 45

famílias
  mistas 33
  monoparentais 33
  reconstituídas 33
fatos sociais 75
favelas 55, 69, 106
feminilidade 17, 20-21
feminismo 7, 18
Foucault, Michel 29, 48-49, 81, 91, **149**
frequência à igreja 50, 52-53
funcionalismo 74

G

gangues 85
Gans, Herbert 135
Garfinkel, Harold **149**
Garland, David 76-77
gases de efeito estufa 114-115
Gemeinschaft 54-55
Gesellschaft 54-55
Giddens, Anthony 15, 108, 110, 114, **116-117**
Gilroy, Paul 103
Gintis, Herbert 42-43, **148**
globalização 35, 93, 106-110, 112-313, 118, 131
glocalização 110-111
Gobineau, Arthur de 103
Goffman, Erving 15, 44, 89, **149**
góticos 22-23
governo 45, 65, 137
Gramsci, Antonio **149**
Grint, Keith 60
grupos
  de discussão 10
  desfavorecidos 72, 100-101, 113
guardiões da mídia 138-139
guerra e migração 113, 131
o gueto 27

H I

habitus 124-127
Hall, Stuart 39, **149**
heteronormatividade 29
Higgs, Paul 30-31
Hindman, Matthew 141
Hochschild, Arlie **64-65**
Holocausto 20, 132
homofobia 7, 29
homossexualidade 15, 21, 29, 90
hooks, bell 39, **149**
Howker, Ed 31
idade e identidade 30-31
identidade 14-15, 116, 144
  e atividades de lazer 129
  e classe 34-35, 38, 116
  e consumismo 122-123, 133
  e família 32-33, 38
  e gênero 16-21, 38
  e gostos culturais 124-126, 131
  e idade 30-31, 39
  e raça 24-27, 38
  e sexualidade 28-29, 39
  e subculturas 22-23, 39
  e trabalho 14, 60, 62, 122, 130
  fatores que criam 14-15
interseccionalidade 39
identidade de gênero 14, 16-21, 38
identidade regional 122
identidade virtual 144-145
idioma 23, 35
igualdade global 107
igualdade *ver* desigualdade
Iluminismo 29, 52
imigração 113
imperialismo cultural 110
incerteza 51, 81, 130-131, 133
individualismo 57, 59, 86

Índice remissivo

infância 38
institucionalização 44
instituições 40-69, 75
internet 130, 134, 140, 142-143, 145-147
interseccionalidade 39
isolamento 89, 142-143

J K L

James, Oliver 89
Jefferson, Tony 39
Jenkins, Richard 14, 122
jornalistas cidadãos 137
judaísmo 20, 53, 75, 132
justiça cognitiva 107
justiça social 117, 126
juventude
  culto da 30
  e subculturas 22-23, 39
  problemas da 31, 62-63
  vivendo on-line 144-145
Kan, Man Yee 19
  Das Kapital (Marx) 36-37
Kelling, George 91
Latour, Bruno **150**
Lefebvre, Henri 54, **150**
lei 45, 49, 76-77, 82-83
lésbicas 29, 39
Link, Bruce 89
Livingstone, Sonia 145
Löwy, Michael **150**
Luckmann, Thomas 44
Luhmann, Niklas **150**
Lupton, Deborah 143
Lutero, Martinho 51
Lynd, Robert e Helen 56

M N

Madison, James 141
Malik, Shiv 31
O manifesto comunista (Marx/
  Engels) 36-37
Marcuse, Herbert **150**
marginalização 38-39, 72, 143
Martinez, Joseph 79
Marx, Karl/marxismo 6-7, 34, **36-37**, 38, 48, 50-53, 61, 68
masculinidade 17, 20-21
masculinidade hegemônica 17
McLuhan, Marshall 146
McMillan, Sally 144
medicalização 91
medo 77, 131, 137
meninas 16-17
meninos 16-17
Merton, Robert 72
metodológico, individualismo 59
métodos de pesquisa 10-11
mídia
  influência da 134-135
  novas fontes de mídia 141
  preconceito 134, 139
  propriedade da 136-137
  seleção de notícias 138-139
mídia de massa 134-135
mídias sociais 15, 67, 109, 140, 143-145, 147
modernidade líquida 130-131, 133
Moore, Wilbert 100
movimento dos direitos gays 29, 39
mudança social 131, 142
mulheres
  abuso de 32, 48
  e trabalho 18-19, 45, 64-65
  identidade de gênero 16, 38
  poder dos homens sobre as 48
  tempo de lazer 129
Murray, Charles 99
música e subculturas 22-23
nações
  centrais 104-105
  periféricas 104-105
  semiperiféricas 104-105
  negócios 45
  e crime de colarinho--branco 78-79
  e mídia 137
  e poder 48
  sociólogos nos 8-9
negros 25-27, 38-39, 87, 91, 102-103
níveis do mar 115, 117
normas 22, 29, 32, 43-44
novo gerencialismo 62
notícias 134-136
  credibilidade das 136, 141, 147
  fontes de mídia 140-141
  interpretação das 134-135
  jornais 135-136, 138, 140, 147
  seleção das 138-139
Nowotny, Helga **150**

O P

O'Brien, Rosaleen 17
Oakley, Ann 19, **150**
onívoros culturais 124
oportunidades iguais 100-101, 117
oportunismo 83
Orwell, George 80-81
outsiders 85
Owusu, George 150
padrão de vida 31, 108
padrões morais 72, 77, 135
Pahl, Ray 56, **150**
países em desenvolvimento 104-105
Pakulski, Jan 35
panóptico 81
parcerias civis 33
Park, Robert E. 54
Parsons, Talcott 32, 90, **150**
perfil do criminoso 82-83
perseguição 113, 132
pesquisas 11
Peterson, Richard 124, 138
Phelan, Jo 89
Pickerill, Jenny 115
Pickett, Kate 88
Piketty, Thomas 95
pobreza 55, 69, 100, 112
  a armadilha da 98-99
  absoluta 98
  e saúde 87
  relativa 98
poder 48-49, 81, 84, 97, 105
polícia 8, 77, 91
  e racismo 25
política 9, 65, 117, 137
posição social 101
precariado 63, 69
presença on-line 144-145
pressão social 72
prisão 15, 44, 77, 81
privacidade 67, 144-145
problemas ambientais 107-109, 114-115, 117, 119, 123, 131
publicidade 122, 137
punição 43, 76-77
Putnam, Robert D. **150**

Q R

raça e identidade 14, 24-27, 38
racialização 24
racionalização 59
racismo 7, 25-27
  ambiental 115
  desenvolvimento do 102-103
racismo institucional 25
Ramos, Alberto Guerreiro **150**
reabilitação 76-77
reciclagem 115
recursos naturais 114-115
redes sociais 43, 131, 142, 144-145, 147

Índice remissivo

regras, quebrar as 76-77
relacionamentos do mesmo sexo 29, 33, 90
religião 14, 45, 50-53, 68, 75, 116, 122
resistência ao poder 49
responsabilidade individual × da sociedade 100-101
Revolução Industrial 6, 54, 66, 96
Rich, Adrienne **150**
riqueza
  distribuição de 35
  e status 96-97
  e super-ricos 94-95
risco 86, 133
Ritzer, George **151**
Robertson, Roland 105, 110-111
Rojek, Chris 119, 128-129
Rosa, Hartmut **151**

S

Said, Edward **151**
salários
  das mulheres 18
  estagnação dos 101
  mínimos 95
Sassen, Saskia **112-113**
saúde 86-90
  doenças mentais 88-89
  e comunidade 57
  e discriminação racial 25, 87
  e igualdade 86-87
  e masculinidade hegemônica 17
Sayer, Andrew 95, **151**
Schudson, Michael 138
Scott, Susie 91
secularização 52-53
segregação racial 24
selfies 14, 15, 144

Sennett, Richard 62, **151**
serviço comunitário 76
sexualidade
  e identidade 14, 28-29, 39
  e sociedade 28-29
  teoria queer 21
Silva, Jennifer 31
Simmel, Georg **151**
sindicatos 48
sistema mundial 104-105
sites
  credibilidade de 143
  de compartilhamento de arquivos 137
  de notícias 138
socialização
  e família 32
  gênero 16-17
sociedade
  alicerces da 44-45
  estrutura da 44, 74
  mais justa 117
  papel da família na 32-33
  responsabilidades da 100-101
sociólogos 6, 7
  métodos de pesquisa 10-11
  papel dos 8-9
sociólogos acadêmicos 8-9
Sousa Santos, Boaventura de **106-107**
Stahl, Garth 43
Standing, Guy 63, 69
status 34-35, 83
  e riqueza 96-97
  e saúde 87
  e trabalho 60-61
  ganho de 96
  perda de 97
subculturas 22-23, 39
super-ricos 94-95
Sutherland, Edwin 78
Sutton, Philip 115

T U

Taylor, Phil 62
televisão 135-136, 138-140, 146-147
tempo de lazer 128-129
tensão racial 91
teoria da correspondência 43
teoria da rotulagem 84-85
teoria da tensão 72
teoria das janelas quebradas 91
teoria queer 21
terceira idade 30-31, 39
terceira via 117
teto de vidro 18
Thorpe, Holly 129
tolerância zero 91
Tönnies, Ferdinand 54, **151**
trabalhadores
  de colarinho-azul 35
  de colarinho-branco 35, 46
trabalho 36, 60-65, 69
  de baixa remuneração 95, 99
  doméstico 19, 48, 60
  e educação 42-43
  e identidade 14, 60, 62, 122, 130
  microgestão 62-63
  mulheres 18-19, 45, 64-65
  poder do emprego 48, 61
  tecnologia do local de 66-67
tribos 22-23, 39
trolling 145
Tule, Emmanuelle 30
turismo 119
Turner, Bryan S. 53, **151**
"Unabomber" (Theodore Kaczynski) 83

V W

valores
  de família 32

de subculturas 23
e comunidade 54-56, 76
e cultura 124, 130
e instituições 44
e religião 50, 122
Veblen, Thorstein 95-97, **151**
vestimenta
  e classe 35
  e identidade 14, 122-123
  e subculturas 23
viagens aéreas, baixo custo de 110, 118, 131
vida
  após a morte 51
  na esquina 26
  rural 54-55
  urbana 54-55, 68-69, 81
vigilância 66-67, 80-81, 91
violência
  e códigos de rua 26
  na família 32
Wacquant, Löic 95, **151**
Walby, Sylvia 48, **151**
Wallerstein, Immanuel 104-105, 108
Waters, Malcolm 35
Weber, Max 35, 46, 50-52, **58-59**, 61, 68, 97
Wilkinson, Richard 88
Willmott, Peter 55
Wilson, James 91
Wirth, Louis 54
Wollstonecraft, Mary 38
Wright Mills, Charles 7, **46-47**

Y Z

Young, Iris Marion 17
Young, Michael 55
Zuckerberg, Mark 95, 147
Zukin, Sharon **151**

Agradecimentos

A Dorling Kindersley gostaria de agradecer à dra. Megan Todd, por escrever a introdução (pp. 6-7), a Hazel Beynon, por editar e revisar as biografias, e a Helen Peters, pelo índice.

A editora gostaria de agradecer às seguintes pessoas pela gentil permissão de reproduzir suas fotografias:

(Legenda: a — alto; b — abaixo/embaixo; c — centro; d — direita; e — esquerda; t — topo)

6 Alamy Stock Photo: Image Source (c). **Dreamstime.com:** Darrinhenry (ce); Syda Productions (cd). **6-7 123RF.com:** Igor Zakharevich (c). **7 Alamy Stock Photo:** Phanuwat Nandee (td); NASA Archive (te). **Dreamstime.com:** Ian Allenden (cd); Pawel Szczepanski (c). **17 Dreamstime.com:** Atholpady (ca). **18 Getty Images:** Historical (cb). **23 Dreamstime.com:** Kristina Afanasyeva (td). **25 Dreamstime.com:** Yanik Chauvin (bd). **29 Dreamstime.com:** Olga Besnard (bd). **30 Getty Images:** David Madison (bc). **32 Getty Images:** Vstock LLC (bc). **35 Getty Images:** Monty Rakusen (bc). **44 Dreamstime.com:** Tyler Olson (bc). **49 Getty Images:** AFP (bd). **51 Getty Images:** Daily Herald Archive/SSPL (bd). **53 Alamy Stock Photo:** Roger Parkes (cda). **54 123RF.com:** William Perugini (bc). **57 Dreamstime.com:** Milla74 (bd). **61 Alamy Stock Photo:** OJO Images Ltd (bd). **63 Universidade de Birmingham:** STRANDS — strands-project.eu (bd). **66 123RF.com:** Ximagination (cb). **Dreamstime.com:** Mystock88photo (cb). **79 123RF.com:** feverpitched (be). **83 Getty Images:** Boston Globe (td). **89 Alamy Stock Photo:** Lumi Images (bc). **92-93 Dreamstime.com:** Paura. **95 Alamy Stock Photo:** Martin Thomas Photography (cdb). **97 Getty Images:** Image Source RF/Cadalpe (cda). **99 Getty Images:** JGI/Jamie Grill (ca). **101 Dreamstime.com:** Chicco7 (td). **105 Dreamstime.com:** Dibrova (cda). **109 Dreamstime.com:** Buccaneer (bd). **111 123RF.com:** Serghei Starus (bd). **115 Dreamstime.com:** Savone (bc). **120-121 Dreamstime.com:** Hongqi Zhang (Michael Zhang). **122 Dreamstime.com:** Ciolca (bc). **124 Alamy Stock Photo:** Peter Jordan_NE (bc). **129 Dreamstime.com:** Alan Dyck (bd). **131 Getty Images:** Maciej Noskowski (ca). **135 123RF.com:** Tatiana Gladskikh (bd). **141 123RF.com:** Daniel Jedzura (td). **145 123RF.com:** Cathy Yeulet (cda).

Todas as outras imagens © Dorling Kindersley.

Veja mais informações em: www.dkimages.com